APPELEZ-MOI L'EMPEREUR !

PIERRE-JEAN
CHALENÇON

APPELEZ-MOI L'EMPEREUR !

Harper
Collins

HARPERCOLLINS FRANCE
83-85, boulevard Vincent-Auriol, 75646 PARIS CEDEX 13
Tél. : 01 42 16 63 63

www.harpercollins.fr

ISBN 979-1-0339-0466-3

À Michou qui m'a toujours soutenu.

Appelez-moi « l'Empereur » !

Je m'appelle Pierre-Jean Chalençon. Je suis né le 23 juin 1970. D'après ma page Wikipédia, je suis né le 17 septembre de la même année. Tant mieux, ça me fait deux anniversaires. J'aime les fêtes, je suis servi !

Je suis collectionneur d'objets liés à Napoléon Bonaparte depuis mon adolescence. À Drouot, la célèbre salle des ventes parisienne, on m'appelle « l'Empereur ». Je suis administrateur du Cercle France Napoléon. Je suis chevalier de l'Ordre des Arts et des Lettres depuis janvier 2007.

Mais vous me connaissez sûrement grâce à mon autre activité, celle d'acheteur dans l'émission « Affaire conclue », diffusée chaque après-midi de la semaine sur France 2 depuis 2017.

Mais tout ça, ce ne sont que des faits énumérés les uns après les autres, des lignes bonnes pour un CV. Je ne m'y reconnais pas pleinement.

Que suis-je avant tout ? Un électron libre. Libre d'aimer qui je veux, libre d'inventer un travail et de le vivre à fond. Libre de dire ce que je pense sans me soucier des réactions. Libre.

J'arrive à un moment de ma vie où j'éprouve le besoin de faire une mise au point, comme un état des lieux.

Je ne suis pas vraiment une personne pour qui la famille a une importance considérable. Je viens de là, et ensuite ? Mon parcours a bien plus été parsemé de rencontres. Ce sont mes amis qui m'ont formé. Ce sont eux aussi qui m'ont fait rire et travailler. Aujourd'hui encore je n'arrive pas à fonctionner autrement. J'aime les dîners, les fêtes. J'aime les discussions et les spectacles.

À l'aube de mes dix-sept ans, j'ai rencontré Charles Trenet. Ça a été une relation décisive dans ma vie. J'y reviendrai, ne vous en faites pas. Charles m'a toujours répété cette phrase qui m'a accompagné toute ma vie : « Ma famille, c'est mes amis. »

Je veux écrire ce livre pour raconter mes rencontres. Ce sont elles qui m'ont mené où je suis aujourd'hui. Ce sont elles qui ont fait de moi l'homme que je suis devenu.

J'ai eu des chances ahurissantes. J'ai eu des déconvenues aussi. Je n'ai pas l'habitude de regarder vers le passé. Je suis un type du présent. Mais je dois avouer qu'il est bon parfois de se souvenir. L'idée n'est pas de se lamenter ou de regretter quoi que ce soit. Au contraire, si j'écris sur mes souvenirs, c'est pour mieux envisager l'avenir et me plonger tête la première dans cette aventure incroyable qu'est la vie.

J'ai quarante-neuf ans. J'ai eu la chance inouïe de réaliser mes rêves de gosse. Être collectionneur. Je vis de ma passion et pour ma passion. Le sort aura décidé qu'en plus de mes objets, qu'en plus de Napoléon, j'ai pu réaliser mon autre rêve : faire rire les gens, les divertir et j'espère, leur apporter un peu de réconfort quelques minutes par jour.

Je vais essayer de raconter comment j'y suis arrivé.

Une mère

Ma mère était mannequin quand elle a rencontré mon père. Elle avait dix-huit ans et lui vingt et un. Ils se sont aimés tôt et fort. Ma mère était d'origine italienne, une de ces familles où l'on grandit avec dix frères et sœurs. Elle n'a pas vraiment reproduit ce schéma-là. Je n'ai d'ailleurs pas réellement connu sa famille.

Quand j'avais cinq ans, mes parents ont divorcé. C'était très inhabituel à l'époque. Rien à voir avec aujourd'hui. Dans ma classe, j'étais le seul gamin de parents séparés. Comme tous les enfants de divorcés, j'ai dû apprendre à grandir plus vite. Je vivais avec ma mère et il fallait l'aider. Je faisais le ménage, je préparais des gâteaux. Ça a été une vraie école de vie. J'en garde un souvenir à la fois mélancolique et tendre. Je me sentais investi d'une mission, comme si mon rôle désormais était de soutenir ma mère dans les épreuves de la vie. Je voulais rester à ses côtés, l'accompagner toujours. Nous avions une relation fusionnelle, mais malgré tout, je n'étais pas un enfant roi. Nous devions, ensemble, affronter le quotidien.

Ma mère a su rebondir après le divorce d'avec mon père. Elle a toujours trouvé du travail. D'abord à l'OTAN, puis chez Alain Figaret et enfin en tant que responsable des boutiques de démarque chez Sonia Rykiel, au gré, elle aussi, de ses rencontres. Elle avait une intelligence sociale qui lui permettait d'être aussi à l'aise dans un contexte d'administration que dans l'univers de la mode. C'était une très belle femme, mais c'était aussi une femme forte et indépendante. J'ai toujours admiré ça chez elle.

Quand j'étais enfant, j'avais du mal à me passer d'elle. Avec mon père, nos rapports se sont précisés quand j'étais adolescent, comme une sorte de franche camaraderie. Avec ma mère c'était différent. Il y avait quelque chose d'instinctif, d'animal presque. C'était un peu comme si j'avais eu besoin d'elle pour respirer. Dans la rue, je lui ai tenu la main jusqu'à mes dix-sept ans ! Oui, on peut dire que j'étais un fils à maman. Je ne m'en cache pas. J'avais, j'ai toujours un amour débordant pour ma mère. Alors bien sûr, j'ai appris à voler de mes propres ailes, à ne plus vivre comme un enfant. Mais je peux dire que j'ai entretenu avec ma mère une relation exceptionnelle, un amour inconditionnel et d'une force à peine croyable.

Je suis heureux d'avoir connu ces choses-là quand j'étais enfant. Car, même si nous avons dû traverser certaines épreuves, il y avait toujours ce sentiment qui me rassurait. Quand certains amis me racontent aujourd'hui qu'ils n'ont aucun souvenir de l'amour de leurs parents, de témoignages d'affection ou de tendresse avec eux, eh bien, je me sens désolé pour eux. Je sais que grâce à l'amour de ma mère, j'ai pu faire ce que je voulais dans la vie, toujours. Elle m'a donné cette confiance en moi, en mes projets. C'est plus difficile pour une personne qui a été un enfant un peu délaissé de s'affirmer plus tard. J'ai eu la chance d'avoir des parents attentifs et aimants. Ce n'est pas rien et ce n'est pas si courant surtout.

Je me souviens très nettement quand on est partis vivre en Suisse, au bord du lac Léman, alors que ma mère avait rencontré un homme là-bas. La petite famille a déménagé en 2CV. Imaginez toutes nos affaires, les cartons et les valises dans la vieille Citroën ! Le bruit si particulier du moteur et nous, roulant confiants, ma sœur, ma mère et moi, vers une vie nouvelle, un pays frontalier mais qui me paraissait alors si lointain, si différent. C'est une image que l'on n'observerait plus de nos jours. Nous trois, dans ce tas de ferraille, en route pour Genève ! On ne savait pas vraiment où on allait mais on y allait quand même. C'était l'aventure !

Nous nous sommes installés en Suisse chez le nouveau compagnon de ma mère. De cette époque, je garde quelques souvenirs agréables, une certaine douceur de vivre et une légèreté. C'était un peu comme une nouvelle famille que nous tentions de créer.

La Suisse est un pays plein de surprises. Je revois ces paysages si verts, ces montagnes à perte de vue, les lacs aussi, cette nature si généreuse, comme si rien ne pouvait l'atteindre. De mon enfance, j'ai gardé un vif intérêt pour ce petit pays si à part, si singulier. Quand j'y retourne aujourd'hui pour mes obligations professionnelles, je ne peux pas m'empêcher d'avoir encore ce regard d'enfant, ces souvenirs qui remontent en pagaille. Quelque chose de l'air qui souffle sur la Suisse, comme une grande inspiration, le vent vivifiant des montagnes.

Nous aurions pu vivre longtemps là-bas, mais malheureusement, le sort en a décidé autrement. Le compagnon de ma mère est mort d'un cancer du poumon en à peine dix-huit mois. Ça nous a frappés comme une tornade. De ce jour-là, j'ai compris que la vie pouvait filer du jour au lendemain, que rien, jamais, n'était acquis. La peine a été immense. Pour ma sœur, pour moi. Pour ma mère surtout. Quelle épreuve. Après un divorce, connaître un deuil. À nouveau, il a fallu tout recommencer depuis le début. Mais une fois de plus, ma mère a su se relever.

Avec ma sœur, avec moi, elle occupait les deux rôles, celui de la mère aimante et rassurante, mais aussi celui de l'autorité. Mon père, puisqu'il était bien plus absent, était plutôt papa poule. Ma mère avait la charge du quotidien – et parfois, face à un garçon rêveur comme je l'étais, il fallait remettre les pendules à l'heure !

Jamais elle n'a flanché devant nous. Elle se tenait fière. Pas insensible, au contraire, mais fière, prête à affronter la suite, à continuer à vivre coûte que coûte. Combien de personnes n'auraient pas su se relever d'un tel drame ? Ma mère n'est pas faite de ce bois-là.

Quelle femme, tout de même !

Un père

Mon père était journaliste. Il est passé par Europe 1, *Le Monde*, *France-Soir*. Puis il a monté son agence de presse dans l'agro-alimentaire. Quand j'étais gamin, c'était un type ouvert et dynamique. Peut-être que ça vient de sa formation en équipe de France Junior de football. Il a toujours aimé avoir du monde autour de lui. Même si l'on s'est un peu éloigné aujourd'hui, il me faut dire que je lui dois ce goût des dîners et des grandes réunions. Très tôt, il m'emmenait au restaurant avec ses amis. Il ne me considérait pas comme un enfant incapable de se mêler aux adultes. Il me traitait d'égal à égal. Nous pouvions discuter longtemps et rire aussi comme deux vieux copains. Il avait ce chic décontracté des tenues sportives américaines. Un léger côté play-boy mais toujours droit dans ses souliers.

Il m'a pour ainsi dire facilité le travail. Très tôt j'ai été à l'aise en société. Grâce à mon père, je connaissais les codes et les usages. Il a toujours été très apprécié dans ce qu'il faisait. C'est un ami fidèle et un journaliste talentueux. Il était respecté par les personnes qui l'entouraient. Ses amis avaient l'intelligence de voir en moi autre chose que son fils. Ils me considéraient comme une personne à part entière et j'ai, à mon tour, noué de solides amitiés avec certains des amis de mon père.

Je le revois il y a trente ans comme si c'était hier. Il avait une élégance très classique. Mais, à ses tenues sombres, à ses vestes en tweed, à ses costumes ou à ses chaussures cirées, il savait ajouter une touche fantaisiste. C'était quelque chose dans son allure tout entière, dans son comportement, sa voix, son rire, comme une touche personnelle qui le rendait si sympathique.

Il avait une conception tout à fait traditionnelle et presque stricte de l'éducation, de la vie en général. Même s'il se comportait souvent avec moi comme avec un ami, il y avait certaines règles à respecter, un maintien, une posture à adopter.

Pour autant, mon père avait un entrain, une aptitude à me faire découvrir tout un tas de choses. Il lisait énormément, par exemple et m'offrait sans cesse des livres d'Histoire. Puisque tout cela m'intéressait déjà à mon plus jeune âge, nous en parlions énormément. Nous avions de longues discussions, le soir, après un dîner au restaurant, ou chez lui, au cœur de l'après-midi. Nous parlions des batailles, des rois, des armées, bref, de la grande histoire de France.

Mais comme il était journaliste, ce n'était pas seulement un homme des livres et du savoir abstrait. C'était aussi un homme de terrain. Alors, quand nous évoquions une page de l'Histoire, il tenait absolument à m'emmener voir les lieux où tout cela s'était passé. Nous parlions un soir du débarquement américain de la Deuxième Guerre mondiale et le lendemain, nous étions, après quelques heures de route, sur les sables d'Omaha Beach où tant de soldats américains ont laissé la vie pour libérer notre pays de l'emprise des nazis.

Je me souviens aussi d'un week-end où il était venu me chercher en Suisse, à Lausanne où j'habitais alors avec ma mère, pour m'emmener de l'autre côté du lac, en pays français cette fois-ci, à Évian. Après une heure de route, nous y étions, là où les fameux accords de 1962 avaient été signés pour officialiser l'indépendance de l'Algérie. Nous avons passé un week-end mémorable, tous les deux, à dormir dans ce grand hôtel d'Évian-les-Bains.

Mon père m'a non seulement donné le goût de l'Histoire en général, mais il m'a aussi fait comprendre très tôt que ce n'était pas une matière morte, mais au contraire, quelque chose de vivant, quelque chose que l'on pouvait aller voir, que l'on pouvait toucher. Ce n'est pas pour rien que j'ai commencé ensuite à collectionner. L'Histoire, pour moi, c'est la vie !

Je m'aperçois aujourd'hui que je tiens de mon père pour une grande partie de mon caractère. Je regrette parfois m'être éloigné de lui. Ce n'est jamais agréable de se fâcher avec les personnes qu'on aime. J'espère qu'un jour nous parviendrons à nous retrouver. Le temps en décidera.

Pour l'instant, je dois me contenter de mes souvenirs. Ils sont intacts, eux. Et rien, ni personne ne pourra me les enlever. Dans mes souvenirs, mon père restera toujours cet homme qui aimait le vin et la bouffe, les bons restaurants et les longues discussions. Un homme qui aimait ses amis et son travail. Un homme qui ne repoussait jamais au lendemain. S'il fallait partir, nous y allions. C'est un grand passionné. Comme moi.

Des grands-parents

Avant notre départ pour la Suisse, nous habitions à Reims. Et le week-end, je partais souvent chez mes grands-parents à Mourmelon. Mon grand-père était l'archétype même de l'homme issu de la bourgeoisie de l'est de la France. Il avait un côté vieille France, une allure somme toute très classique mais que l'on observe de plus en plus rarement aujourd'hui. Il avait des responsabilités municipales. Il passait souvent en revue le 18e régiment de dragons. J'adorais l'accompagner.

Mon grand-père vivait ces moments avec sérieux et grande émotion. Lui qui a passé sa vie à chercher le corps de son propre père, disparu comme tant d'autres pendant la première guerre mondiale, m'a en quelque sorte initié à la beauté des manœuvres et à la grandeur du patrimoine militaire. Il aimait l'élégance des uniformes et la précision des gestes millimétrés. Cet ordre, ces traditions et ces protocoles le rassuraient. Il m'expliquait les significations des galons, les grades, les déplacements. Je regardais ces spectacles avec l'étonnement d'un enfant, avec admiration et avec patience.

Ma grand-mère était douce, terriblement aimante et rassurante. Je sentais, sans le comprendre tout à fait, qu'elle avait accompagné mon grand-père toute sa vie dans la douleur d'avoir perdu son père à la guerre, dans la douleur de ne jamais avoir pu mettre un point final à cette histoire puisque l'on n'a jamais réussi à retrouver son corps.

Ils vivaient tous les deux soudés dans une grande bâtisse du XIXe siècle. C'était une des plus belles maisons du coin. Les Allemands ne s'y étaient d'ailleurs pas trompés quand ils l'avaient réquisitionnée pendant la guerre de 1939-1945. Plus généralement, les abords semblaient crier leur passé dramatique. Tous ces terrains militaires, ces trous d'obus, ces vieux barbelés. On ne pouvait pas rester insensible à cette ambiance étrange, à cette violence de l'Histoire. Car, avec la beauté des uniformes, il y a aussi l'horreur des guerres et des combats. Nous avons tendance aujourd'hui à oublier à quel point ces conflits étaient meurtriers. On considère que la paix est un état normal. Mais il faut toujours se rappeler que des millions d'hommes sont morts pour leurs pays il n'y a pas si longtemps que ça. Nous avons la chance de connaître en Europe une très large période de paix, mais ce n'est pas une raison pour ne pas rester sur nos gardes ou pour oublier les leçons du passé.

Mes grands-parents m'ont appris à regarder en arrière, ils m'ont raconté leur histoire, notre histoire. Grâce à eux, très tôt, j'ai compris que nous venions tous de quelque part, je veux dire que les siècles parlaient à travers nous, que l'on ne pouvait pas considérer seulement le monde actuel et le temps présent, que vivre avec son temps, c'était aussi savoir vivre avec son histoire. Que l'Histoire, ce n'était pas seulement une matière scolaire et des textes froids dans des manuels.

J'étais un enfant réservé et rêveur. J'aimais ma solitude et ces longues pensées qui m'habitaient. Souvent, je passais des après-midis entiers seul dans le grenier à chercher des trésors, à vider les cartons depuis trop longtemps refermés. Je lisais avec passion tous ces vieux magazines religieusement conservés par mes grands-parents. À l'ombre des pommiers ou dans la chaleur des vieilles chambres de la maison, je dévorais les numéros d'*Historia* des années soixante comme d'autres gosses pouvaient se passionner pour les Pieds Nickelés ou Lucky Luke.

Aussi simplement que ça, entre l'émotion de mon grand-père et le caractère très concret de mon père, ma passion pour l'Histoire est née. A priori si loin des bancs de l'école.

Je n'étais pas, d'ailleurs, ce qu'on appelle un bon élève. J'ai raté mon bac et je n'ai jamais voulu le repasser une seconde fois. Ça ne m'a pas empêché des années plus tard d'être nommé chevalier des Arts et des Lettres ! Pour autant, je garde quelques bons souvenirs de ma vie scolaire. Je me souviens par exemple très nettement de mon professeur d'Histoire de 5e, M. Guillot. À la fin de chaque cours, il me laissait une dizaine de minutes et nous dialoguions tous les deux, d'égal à égal. Il avait, bien sûr, beaucoup de choses à m'apprendre, mais jamais il ne m'a mis dans une position d'élève. C'est ce rapport à la transmission qui m'anime aujourd'hui. Je veux faire partager ma passion au gens, pas leur donner des leçons !

J'ai pensé devenir professeur d'Histoire, et ça m'est vite passé. Je n'ai absolument rien à reprocher à l'éducation scolaire ou universitaire, au contraire, j'en admire les acteurs. Mais je me suis vite aperçu que je n'avais pas les qualités nécessaires pour faire un bon professeur. Alors, j'ai voulu appréhender ma passion autrement : avec le contact direct aux objets, aux personnes. Quelque chose de presque charnel. Ce n'est sûrement pas pour rien que mon dévolu s'est jeté sur la personne et le symbole de Napoléon, figure si excentrique, si à part, si vivante ! C'est comme ça que j'aime l'Histoire, quand on la vit !

Une sœur

Je suis né en 1970, et ma sœur en 1963. Ces sept années d'écart ne nous ont jamais empêchés d'être proches, mais nous n'avons pas vraiment eu la même enfance. Quand nos parents se sont séparés, Isabelle était déjà grande, et c'est justement pour cela qu'elle a joué un rôle crucial dans mon éducation. Elle s'est occupée de moi au milieu de ce petit chaos qu'est une famille qui s'écarte, un foyer qui se brise. C'était vraiment ma mère de substitution. Elle écoutait mes peines, elle me donnait des conseils. Vraiment, à ce moment-là, nous étions très proches. Je lui en serai toujours reconnaissant. Sans elle, je suis absolument certain que cette épreuve aurait été autrement plus difficile à surmonter. Là, quelque chose persistait de notre famille, et ma sœur en était le noyau central.

J'étais vraiment très proche de ma mère, peut-être trop, d'ailleurs. Isabelle a su faire en sorte que ça ne devienne jamais un problème, que tout cela se maintienne dans un équilibre rassurant et sain. Elle était un peu cette balance entre nous deux, comme un point central, un équilibre.

Je le disais, comme tous les enfants de divorcés, j'ai grandi plus vite que les autres, Isabelle également, d'autant qu'elle s'occupait de moi chaque jour, en sortant de l'école, préparant mes goûters, me faisant réciter mes leçons. Ça ne devait pas être facile pour elle. J'étais un garçon assez renfermé et timide, un enfant pudique et solitaire. Mais elle ne s'est jamais plainte, elle ne m'a jamais rien reproché. J'étais son petit frère. Face aux événements, nous allions nous relever ensemble.

En dehors de la vie familiale, ma sœur a débuté une formation à l'école ESMOD de Paris. C'est une vieille institution du IXe arrondissement qui, depuis plus de cent soixante-dix ans, forme les futurs acteurs de la mode internationale. Du stylisme à la communication, tout y passe. Pour Isabelle, cette formation a été décisive, et très vite en sortant de l'école elle a trouvé un travail au *Figaro,* qui à l'époque était la référence numéro un en matière de mode et de tendances. Au *Figaro*, elle était la jeune protégée de Janie Samet, figure incontournable du journal à l'époque. Je crois pouvoir dire qu'elle s'y sentait bien, que son job l'intéressait, la passionnait même.

Dix ou quinze ans plus tard, on lui a proposé une chronique mode dans Télématin sur ce qu'on appelait à l'époque

Antenne 2. J'ai récemment revu sa première apparition télévisée ; on trouve la vidéo sur Internet. C'est amusant de voir à quel point les tenues, les coiffures ont changé. On est en septembre 1997. Isabelle avec sa veste à carreaux violette parle du tartan. Elle est tout à fait à l'aise avec la caméra. J'aime beaucoup cette séquence – elle me rappelle notre jeunesse, nos débuts à tous les deux. Je me souviens de cette époque. Je regardais ça d'un œil fasciné. Je ne pouvais pas m'empêcher de m'y voir un peu aussi – d'une certaine manière. Même si je me construisais à l'écart des médias, je savais qu'un jour, à mon tour, je me retrouverais de l'autre côté de l'écran. Je n'enviais pas ma sœur, ce n'est pas vraiment ça. Je n'étais pas jaloux. J'étais fier d'elle et, inconsciemment, je commençais à me dire que cette vie avait bien des attraits.

Il m'a fallu bien plus de temps qu'elle pour commencer à travailler à la télévision. Nous ne sommes pas du tout sur le même créneau. Et même s'il est possible de nous voir tous les deux sur la même chaîne le même jour, nous n'avons pas le même métier. Je suis passeur d'histoire et de divertissement quand Isabelle, elle, est journaliste, plus proche en ce sens de ce que faisais notre père.

Nous avons des caractères opposés mais complémentaires. Isabelle a des allures classiques et rangées. Elle a une vie de famille épanouie, avec son mari et ses trois fils. En tout point, elle perpétue le modèle bourgeois de la famille parisienne. Moi, bien sûr, je suis plus excentrique. Il y a mon orientation sexuelle bien entendu, le fait que j'aime les mecs et les filles, peu m'importe tant que c'est beau ! Mais ce n'est pas seulement ça. J'aurais pu envisager de construire une vie de couple rangée avec un homme aussi. Il y en a plein qui le font. Si ça leur fait plaisir, je n'ai rien à y redire, mais ce n'est pas mon truc. Pour rien au monde je n'échangerais ma liberté, mes solitudes, contre le confort d'une vie de couple.

Et c'est ça qui m'amuse quand je regarde nos différences avec Isabelle. En apparence, elle est bien plus rangée, ordonnée que moi, mais au fond d'elle, elle est beaucoup plus excentrique et surprenante. Moi, je suis excentrique dans mon mode de vie, mais j'ai des idées, disons, beaucoup plus réac, plus classiques.

Quand je vois par exemple que ma sœur autorisait ses fils alors qu'ils étaient adolescents à inviter leurs petites copines à dormir, je trouvais ça dingue. Je suis très vieille France. Ma sœur a une folie plus discrète. Une folie que j'aime énormément chez elle mais qu'elle n'offre pas au premier venu. Elle a une personnalité si riche qu'il faut du temps pour en découvrir toutes les facettes.

Même si nous avons grandi ensemble, nos sept années d'écart ont joué un rôle que l'on ne peut pas négliger dans ce que l'on appelle généralement la « formation ». Voir ses parents se séparer à six ans ou à treize, ce n'est pas vraiment la même paire de manches. Peut-être que le modèle que nous avons voulu recréer trouve sa source dans nos enfances respectives. Je ne sais pas. Mais, d'une certaine manière, Isabelle avait déjà très tôt intégré cette notion de fibre maternelle puisqu'elle a longtemps été pour moi comme une mère de substitution. Étant le benjamin, le petit dernier choyé de notre famille, il était probablement aussi plus facile pour moi de prendre des risques dans ma vie. On m'a laissé plus de liberté, on m'a davantage laissé mener ma barque, prendre des risques. Bref, la pression de nos parents a été pour moi moins palpable.

Les enfants

J'ai ces idées bourgeoises, mais comme je le disais, pour rien au monde je n'aurais ce mode de vie. J'aime trop mon indépendance. J'ai un copain depuis vingt ans, je suis ravi de le voir à chaque fois que je le retrouve, mais je suis enchanté qu'il ne reste jamais plus de vingt-quatre heures consécutives avec moi. Il a sa vie avec sa femme et moi j'ai la mienne. C'est très bien comme ça ! Il me manque souvent mais plus comme un meilleur ami.

Je l'aime, bien entendu. C'est la seule personne qui me connaisse aussi bien. Nous sommes liés par cette force rare qui parfois lie deux personnes. J'ai su dès le début que nous ne pourrions plus nous passer l'un de l'autre. C'est une connexion, une relation presque surnaturelle tant elle est pure et absolue. Certes, nous ne vivons pas notre amour selon un schéma classique, je veux dire une vie de couple, une vie quotidienne, mais ça ne nous a jamais empêché de nous aimer profondément. Au contraire ! Je sais qu'il sera toujours là pour moi, comme il sait qu'il pourra toujours compter sur moi. Nous marchons ensemble. Nous avons cette chance.

Je ne suis pas très démonstratif dans mes relations. Pas question par exemple de tenir la main d'un homme ou d'une femme dans la rue. Les choses de l'amour doivent rester à leur place, c'est-à-dire à la maison et à l'abri des regards. Et je dois confesser que je préfère l'interdit, le secret. C'est tout de même plus excitant !

Je ne sais pas comment les gens font pour supporter la répétition d'une vie maritale. J'aime trop ma tranquillité pour ça. Si je veux partir une semaine au bout du monde sans que personne ne soit au courant, je peux le faire ! Cette liberté est précieuse. Alors bien sûr, comme pour tout, on en paye le prix. Souvent, les gens me disent que j'ai de la chance de vivre comme je le fais. Je leur dis : « Eh bien, allez-y, rien ne vous en empêche ! »

La vérité c'est qu'être libre et sans attaches c'est aussi risquer d'être délaissé. Rares sont les personnes sur qui je peux vraiment compter. J'en profite, je m'amuse, mais qui s'occuperait de moi si un jour j'en avais besoin ? Je suis très conscient de ce risque-là. On ne peut pas demander le beurre et l'argent du beurre.

Mes parents, globalement, m'ont toujours soutenu dans ce que je faisais, mais je ne suis plus un enfant aujourd'hui.

J'ai presque cinquante ans. Il y a ma collection, mes objets et l'endroit où je vis. Il y a mes souvenirs aussi, toutes ces rencontres formidables qui ont jalonné mon parcours, la route que je me suis tracée. Mais où tout cela va-t-il atterrir après moi ? Contrairement à la plupart des gens, je n'ai pas de descendance à qui léguer mes biens.

Pourtant, j'ai bien failli avoir un enfant. J'avais dix-neuf ans. J'étais amoureux d'une femme qui avait presque quinze ans de plus que moi. Elle avait déjà une fille de douze ans, fruit d'un premier mariage. Elle est tombée enceinte sans que l'on ne voie la chose venir.

Ce n'était pas le bon moment, ni pour moi ni pour elle. Ma copine a pris la décision de ne pas garder l'enfant. Ça a été douloureux bien sûr. Même si cela restait très abstrait dans mon esprit, ce n'est jamais une décision facile à prendre. On a bien réfléchi tous les deux, et puis chacun de notre côté. On s'aimait, ce n'était pas la question. J'étais vraiment avec elle, vraiment amoureux d'elle, ce n'était pas une aventure d'un soir. Mais il y avait notre différence d'âge, plus de dix ans. Il y avait sa vie d'avant aussi, avec cette adorable petite fille de douze ans. Il y avait nos parcours professionnels, la vie d'adulte qui commençait à peine pour moi. Même si j'étais habitué à côtoyer des gens plus âgés, plus expérimentés, entre les amis de mon père et les collectionneurs que je commençais à rencontrer, bref, même si je n'étais pas un garçon de dix-neuf ans ordinaire, je restais un très jeune homme absolument incapable d'élever un enfant.

J'y repense souvent. C'était la meilleure chose à faire, pour l'avenir de l'enfant aussi. Mais ma vie aurait pu à ce moment-là prendre un tournant tout à fait différent. C'est dingue quand même ! À quoi les vies tiennent !

Nous sous sommes séparés peu après cette histoire. Je crois que notre couple n'était pas assez fort pour survivre à cette épreuve. J'y pense encore avec une grande tristesse et une pointe de nostalgie aujourd'hui.

Voilà, assez parlé de la famille. Je voudrais raconter maintenant comment je me suis construit autour de cette figure, de cette image, de cette étoile qui a guidé ma vie tout entière. Vous vous en doutez, c'est Napoléon.

La première lettre

Napoléon m'a frappé comme une évidence. Je ne saurais pas trop expliquer pourquoi. Quel homme plus que lui pour incarner la puissance, la conquête ? C'est une personnalité hors du commun.

Napoléon 1er est né le 15 août 1769 à Ajaccio et il est mort le 5 mai 1821 en exil, sur l'île de Sainte-Hélène, petit îlot du bout du monde, perdu au milieu de l'océan Atlantique sud. Entre les deux, il a été général dans les armées de la Première République française, commandant en chef de l'armée d'Italie puis de l'armée d'Orient. Il est arrivé au pouvoir en 1799 suite à au coup d'État du 18 Brumaire, Premier consul jusqu'en 1802, puis consul à vie jusqu'au 18 mai 1804, date à laquelle il est sacré premier empereur des Français par le pape Pie VII. C'était un dirigeant conquérant, atypique, jouissant de son vivant déjà d'une sorte de légende dorée autour de sa personne, autour de son image.

Et de cet homme, de cette image, de cette époque, j'aimais tout : les vêtements, le mobilier, l'architecture, les bijoux. Ce fut un vrai choc esthétique.

Mais ce trésor me semblait enfoui, comme un secret inaccessible. Puis un jour, tout a changé.

J'avais seize ans. Tout à fait par hasard, en me promenant à Saint-Germain-en-Laye où j'habitais, je suis passé devant un petit magasin. C'était une boutique discrète, aux vitres presque opaques. La vitrine n'avait rien de criard ou même d'avenant. C'était presque poussiéreux, comme le sont parfois les vieilles boutiques des brocanteurs. On s'attend à une odeur de naphtaline et à une musique lasse directement sortie d'un gramophone.

Un type y vendait d'anciennes cartes postales, quelques manuscrits, des timbres, des éditions originales, ce genre de choses pour les collectionneurs de papiers. Et là, alors que je regardais la vitrine sans autre idée que celle de flâner, j'ai aperçu la lettre. C'était une lettre de la main de Napoléon ! Je n'en revenais pas ! On pouvait donc acheter des mots tracés par l'Empereur, on pouvait posséder une page qu'il avait lui-même touchée !

Je suis entré dans la boutique et j'ai demandé le prix au marchand. 6 000 francs. Bien sûr, adolescent, je ne les avais pas. La réalité me rattrapait. ON pouvait peut-être posséder une lettre de Napoléon, mais MOI, je ne pouvais pas. Mon esprit s'agitait, je sentais mon cœur battre. Je réfléchissais à toute vitesse. Comment faire ? Cette lettre, c'était peut-être la chose la plus incroyable, l'objet le plus précieux qu'il ne m'avait jamais été donné de voir. J'étais passionné d'Histoire depuis l'enfance, je l'ai dit, mais Napoléon a toujours eu le dessus. C'était lui bien avant tous les autres. Et là, à travers ce papier, à travers cet autographe, c'était en tout point comme s'il s'adressait à moi directement. Je me sentais investi, comme appelé. Et, en même temps, je me trouvais au pied d'un mur, le mur si cruel de la réalité. Mais alors, une idée m'est venue.

Quelques semaines plus tôt, mon père m'avait offert un scooter qu'il avait gagné grâce à son travail de journaliste. C'était une belle Vespa rouge 80 cm^3 flambant neuve. Voilà ma solution ! Je pouvais la vendre et m'acheter la lettre ensuite !

Et c'est exactement ce que j'ai fait. J'ai vendu la Vespa à un copain de ma sœur. Je n'ai même pas essayé d'en tirer un profit supplémentaire : 6 000 francs tout juste et, ni une ni deux, je suis retourné voir le marchand et je lui ai acheté la lettre de Napoléon.

L'homme était surpris de voir débouler un adolescent comme moi, fébrile, tremblant à l'idée de pouvoir s'acheter un manuscrit authentique. Il ne devait pas être habitué à ce genre de client !

En rentrant chez moi, j'étais comme un fou. Je ne pouvais pas m'empêcher de la lire, de la regarder, de la toucher. Il y avait une force qui s'en dégageait, quelque chose de sensuel. Ce papier, justement, ce n'était pas à mes yeux un morceau de papier. C'était bien plus que ça. C'était Napoléon tout entier, sa main, ses mots, son encre comme un témoignage qui m'était directement adressé. Je retrouvais à manipuler la lettre la sensation d'une histoire concrète, comme mon père me l'avait appris en me faisant visiter les lieux iconiques, mais cette fois-ci, grâce à la force symbolique des objets, il y avait quelque chose de plus, une puissance palpable. Je la montrais à tout le monde comme on exhiberait un trésor que l'on viendrait de déterrer au fond du jardin. Je reprenais la lettre. Je n'arrivais pas à y croire ! Quelle chance j'avais de posséder une pièce comme celle-là. Ça valait largement tous les scooters du monde.

Ma collection a commencé comme ça. Aussi simplement. Je ne me suis jamais séparé de cette lettre. C'est un peu l'objet fondateur de ce que je suis devenu. Je ne pourrais jamais la vendre. Je pense souvent aujourd'hui à ce qu'il serait advenu si je n'étais pas passé ce jour-là devant cette vitrine, si je n'avais pas pris ce risque-là. Aurais-je fait autre chose ? Ou aurais-je trouvé un autre moyen, un autre objet pour y parvenir ?

Quoi qu'il en soit, du jour où je suis rentré chez ma mère en serrant la lettre contre mon torse, je suis entré en

« napoléonie », un peu comme un prêtre dans les Ordres. Ce n'est pas un hobby. C'est une passion, certes, mais j'en ai fait une dévotion – mon occupation principale, celle que je place avant toute chose, au-delà de tout !

Le monde

Je disais que je suis entré en « napoléonie » comme un prêtre entrerait dans les Ordres. Certes, j'ai consacré ma vie à ma collection, mais je ne suis pas un bigot pour autant ! J'aime les gens. J'aime l'amitié et l'amour. Même dans le travail, je ne peux pas imaginer des rapports qui ne seraient que professionnels et froids. Je plains très sincèrement tous les gens qui vont travailler chaque jour pour retrouver des collègues avec qui ils ne parlent pas, avec qui ils n'échangent rien. Je n'aurais définitivement pas eu la force pour affronter une épreuve comme celle-là. Toute ma carrière, d'ailleurs, s'est construite sur des rencontres. Je dois avouer, par exemple, que l'idée de dîner seul me terrifie. C'est comme ça. Il me faut des discussions, des rires, des échanges. Après, je peux aimer mes solitudes aussi. Il n'est pas rare, par exemple, que j'organise des dîners chez moi et qu'à un moment de la soirée, je m'éclipse, que je sorte discrètement de table pour aller me réfugier dans ma chambre regarder la télé. Thierry Le Luron faisait ça aussi. Comme lui, j'ai besoin des autres mais je suis un électron libre.

Quand j'avais dix-sept ans, j'avais les copains de mon père pour amis. C'est ainsi que j'ai rencontré Jean-Jacques Debout. Le grand Jean-Jacques ! Formidable auteur, formidable compositeur et formidable interprète ! On s'est très vite parfaitement entendu.

Jean-Jacques, encore gamin, avait été inscrit par sa grand-mère à un spectacle de chant sur la place du Tertre, à Montmartre. Il y avait interprété une chanson de Charles Trenet. Et Charles en personne y avait assisté. À la fin de la représentation, il l'avait chaleureusement félicité. Puis, comme un mentor, comme un aîné tout simplement, il l'avait recommandé à Patachou, pour son cabaret où se sont produits tous les plus grands : Piaf, Aznavour, Sardou ou Nougaro. Voilà comment ça a commencé pour Jean-Jacques. Après, il a enregistré *Les Boutons dorés,* et le succès est arrivé.

Et donc, Jean-Jacques, qui était devenu un ami, m'a proposé d'aller un jour à Rungis voir Charles Trenet en concert. J'avais dix-sept ans. J'étais à la fois impressionné, mais comme tous les ados, à peine conscient de la chance que j'avais. J'ai adoré le spectacle, puis j'ai eu la chance incroyable, ensuite, d'être présenté à Charles Trenet.

Je suis arrivé au restaurant, à la fois timide et rieur, comme le sont les adolescents dans ce genre de situation.

— Comment vous appelez-vous ? m'a demandé Charles.

— On m'appelle le Mime parlant, ai-je répondu.

Charles a ri de ma réponse. On a passé un agréable moment, en parlant de tout et de rien. Dès le début, j'ai aimé la personnalité de Charles, cette manière qu'il avait de vous mettre à l'aise. J'avais beau avoir dix-sept ans, et lui la carrière, la célébrité qu'il avait, on ne sentait en lui aucune condescendance. C'était un homme simple, qui aimait les amis et les bonnes tables.

Quelques semaines plus tard, mon père m'a averti d'un coup de téléphone en mon absence. C'était Trenet qui m'invitait à déjeuner. Mon père n'en revenait pas ! De ce jour-là, je suis devenu très ami avec Charles. Notre amitié a duré jusqu'à sa mort. On était vraiment très proches. C'est la personne qui me manque le plus aujourd'hui. Je pense très souvent à lui. Encore maintenant, je ne me l'explique pas. Je me souviens très bien du jour où il m'a dit ça : « Je serai ton parrain, et Jean-Jacques ta marraine. » Jean-Jacques Debout et lui m'ont initié au monde et plus particulièrement au monde du spectacle.

Très tôt, j'ai été fasciné par ce milieu. En 1989, par exemple, il y a eu une grande soirée à l'Opéra de Paris présentée par Aznavour. Il y avait Frank Sinatra, Liza

Minnelli, Dean Martin, Gregory Peck, Marisa Berenson. Rien que ça ! C'était Hollywood et pas n'importe lequel. J'avais appris la nouvelle dans le journal, absolument par hasard, mais j'avais décidé que ce ne serait pas justement, à mes yeux, que quelques lignes dans un quotidien. Il fallait absolument que j'y sois. La place coûtait 2 500 francs. Et là, comme pour ma première lettre, j'ai trouvé la solution. J'ai vendu ma chaîne hi-fi. Quel gamin ferait ça ? Vendre sa chaine hi-fi pour assister à un spectacle, un seul spectacle ! Je l'ai fait pourtant, et j'ai passé une des soirées les plus extraordinaires de ma vie. Je n'étais pas issu d'une famille fortunée, je n'avais pas mes entrées dans ce monde de paillettes et de stars. Et malgré tout, j'ai su m'y frayer un chemin. Il suffit parfois d'un peu d'audace !

Grâce à une petite chaîne hi-fi, j'ai passé une soirée mémorable que peu de gens ont eu la chance de vivre. Et puis, ce qui est pris n'est plus à prendre. Ça, je l'ai fait. Pour rien au monde je ne regretterais des moments comme celui-là.

Rêves d'Amérique

En plus de ma passion grandissante pour Napoléon, j'avais toujours été attiré par la culture américaine. J'avais très tôt compris aussi que la maîtrise de la langue anglaise m'apporterait probablement de bonnes choses ou du moins que ça m'ouvrirait des portes. C'est dingue de voir aujourd'hui que les pays étrangers sont souvent plus curieux de l'histoire de France que le France elle-même !

À cette époque-là, j'étais adolescent et j'étais loin d'imaginer qu'un jour je monterais des expositions en Australie ou à Washington, mais je voulais apprendre, je voulais pouvoir parler la même langue que les stars de cinéma ou du rock and roll.

Mes parents m'ont d'abord envoyé dans des *summer camps* en Angleterre deux étés de suite. Il y avait là une ambiance tout à fait sympathique et dépaysante. J'ai appris à y vaincre ma timidité. On se retrouve ainsi, perdu dans la langue, avec des personnes que l'on ne connaît pas et il faut bien s'acclimater. J'étais habitué aux longues discussions avec les amis de mon père, mais là c'était autre chose. J'étais absolument seul, à l'étranger de surcroît, devant à tout prix perfectionner mon anglais.

J'ai adoré ces ambiances familiales et de franche camaraderie. Je me suis aperçu aussi que l'humour était un formidable vecteur social. Pour se faire accepter, remarquer, il suffit parfois de savoir faire rire les autres, de les divertir. Eh bien, peut-être qu'en plus de la maîtrise de la grammaire anglaise, ces *summer camps* m'ont appris à me démarquer au sein d'un groupe, à accepter ma personnalité et mes originalités.

Je restais malgré tout fasciné par l'idée que m'inspiraient les États-Unis. Comme bon nombre d'adolescents de ma génération, j'avais grandi avec le cinéma de Hollywood, et je voulais absolument m'en rapprocher le plus possible. Alors, quand mon niveau d'anglais l'a permis, je me suis envolé vers les États-Unis.

À seize ans, je suis parti un mois en Floride. L'ambiance m'a immédiatement saisi. C'était fascinant ! Tout semblait plus grand, plus beau. Les voitures, les routes, même les steaks ou les burgers ! C'était l'Amérique des années quatre-vingt et j'y étais ! J'ai adoré ce séjour. J'y ai encore perfectionné mon anglais bien sûr mais j'ai aussi sympathisé avec les familles qui m'hébergeaient. J'apercevais des modèles différents des miens, je peux dire que je m'ouvrais au monde.

En rentrant, je savais qu'il fallait que j'y retourne, que je voie d'autres choses, que je découvre ce pays si fascinant. À dix-huit ans, j'ai planifié un voyage avec des amis pour visiter Disney World. Comme la plupart des gamins de l'époque, on rêvait de voir ça. Tout était organisé mais, à la dernière minute, mes amis m'ont planté. Qu'à cela ne tienne, j'irai seul. Déjà à l'époque, j'aimais prendre des risques. J'avais compris que la vie ne peut te réserver des surprises que si tu sais te mettre en danger. Et si ça signifiait partir seul dans un si grand pays que je connaissais à peine, eh bien, le jeu en valait la chandelle.

À peine débarqué aux États-Unis, j'ai rencontré un jeune garçon de mon âge. On s'est immédiatement plu, et pendant une dizaine de jours on a entretenu une liaison, comme les adolescents en vacances savent le faire ! Ce garçon m'a fait découvrir la Floride. Nous savions que tout ça ne durerait pas mais nous profitions de chaque instant passé ensemble.

Et puis j'ai reçu un coup de téléphone. Françoise Rouget avait monté une agence d'événementiel pour des réceptions huppées. Je connaissais bien Françoise. Son père était chirurgien et c'est lui qui avait accouché et ma mère et ma sœur.

— Pierre-Jean, comment vas-tu ? J'ai appris que tu étais aux États-Unis. Et tu ne me préviens pas ? !

— Oui, je suis en Floride, ai-je balbutié.

— Et tu restes encore longtemps ?

— Je ne sais pas. Je n'ai pas vraiment prévu de programme. Je pensais découvrir le pays.

— Eh bien, prends un avion et viens me rejoindre à New York ! Il faut absolument que tu découvres cette ville – c'est dingue ici !

Je n'ai pas été très difficile à convaincre. En quelques minutes, mes affaires étaient prêtes et je filais vers l'aéroport.

Tentation

New York est une ville fascinante. On a tellement d'images en tête avant même d'y avoir mis un pied que l'on se sent immédiatement à sa place. Les gratte-ciels, les taxis jaunes, les vendeurs de hot-dogs ou de pizzas, les escaliers de secours le long des immeubles, tout ça, ce sont des clichés qui existent, des détails que l'on a tellement vus dans les films qu'ils ont déjà pour nous une réalité à part. Et là, quand vous arrivez dans la ville, à Manhattan ou à Brooklyn, toutes ces images vous sautent aux yeux. Ce ne sont plus des décors de cinéma, mais les décors de votre vie. C'est si grisant, si puissant comme sensation.

Alors, quand Françoise m'a proposé de revenir en septembre travailler pour son agence, Tentation, j'ai accepté avec le plus grand bonheur.

Quelques semaines après ma première visite, je revenais, mais pour trois mois cette fois-ci, pour travailler dans un milieu que je ne connaissais pas, logé dans le grand appartement de Françoise.

Je l'ai d'abord retrouvée chez les Rockefeller où elle était invitée. Il y a pire comme entrée ! Là, c'était la très grande Amérique. Les villas, les Rocheuses, toutes ces choses que j'avais longuement imaginées. J'avais l'impression de vivre dans un roman de Fitzgerald. Au détour d'un couloir ou d'une chambre, je n'aurais pas été surpris de me retrouver nez à nez avec Gatsby. C'était fantastique. Quel luxe, quelle classe ! Alors, j'étais impressionné bien sûr, gêné même, mais je tentais à tout prix ne rien laisser transparaître. Je devais avoir l'air d'un très jeune garçon un peu gauche, un peu étourdi par le luxe. Mais, malgré tout, je m'en sortais bien. Je parlais de Napoléon, de l'histoire de France. Les invités m'écoutaient. Ils devaient me voir si passionné, si enthousiaste, cherchant certes, parfois, mes mots en anglais, mais si fier de pouvoir faire rayonner un peu de notre histoire de l'autre côté de l'Atlantique que l'on me passait probablement mes approximations de vocabulaire. Quand vous parlez de ce qui vous passionne, les gens sont intéressés. On ne peut pas faire semblant dans ces cas-là.

On a fini par rentrer à New York et j'ai commencé mon travail chez Tentation. On m'a d'abord mis au standard. Deux jours plus tard, on m'a changé de poste. Mon accent de petit français ne passait pas vraiment. En rigolant,

Françoise m'a dit que si on me laissait là deux semaines de plus, la boîte allait mettre la clé sous la porte.

J'ai été intégré aux équipes en cuisine. Je faisais des poulets. C'était une expérience pour moi, petit gars de Saint-Germain-en-Laye, avec mon look hyper BCBG, mes cheveux courts et mes petites lunettes rondes de partager le quotidien de tous ces immigrés mexicains, de vivre aussi, un peu, l'envers du décor, l'Amérique laborieuse des travailleurs. Mais j'aimais ça, car même là, il y avait pour moi un chalenge, un exotisme et surtout plein de choses à apprendre de ces hommes, de ces femmes qui travaillaient avec moi. Alors, oui, le travail était dur, comme tous les métiers de service, mais il a été formateur. J'avais mal au dos, j'avais mal aux pieds, je ne m'habituais pas à l'odeur de friture qui imprégnait mes vêtements, mes mains, mes cheveux, mais je rentrais le soir avec la satisfaction du travail accompli. J'étais fier de participer à ça. J'étais fier de découvrir un pays par tous ses prismes, des villas luxueuses jusqu'aux petites cuisines des travailleurs. Comment pourrait-on rêver d'une meilleure introduction ? J'apercevais toutes les contradictions de la grande Amérique. Le décalage de ces vies, de ces classes sociales. Et pourtant, j'observais chez mes camarades en cuisine un sentiment si pur et si sain. On travaillait dur, certes, mais on était ensemble. On riait, ils m'apprenaient des expressions, des codes et des usages.

Tout cela se passait dans une bonne humeur générale qui me transcendait.

Puis, comme le personnel manquait et que je présentais bien, on m'a demandé de partir sur les réceptions. Encore un nouveau monde ! On organisait des cocktails et des buffets, des *caterings* comme ils les appelaient là-bas, dans des endroits magnifiques. C'est en accompagnant les maîtres d'hôtel de Tentation que j'ai découvert pour la première fois les hôtels de luxe, le Metropolitan ou la Frick Collection. Les gens étaient tous plus élégants les uns que les autres, dans leurs smokings ou leurs robes longues. Je voyais des stars internationales comme Michael Douglas. C'était un rêve ! Je découvrais aussi le monde du service, la patience que cela représente, le maintien que l'on se doit d'adopter. Nous marchions, en costume noir, plateaux à la main, d'une pièce à l'autre et jamais nous ne pouvions montrer un signe de faiblesse. J'aime ce port et cette tenue. Il y avait quelque chose de très noble dans notre fonction, de très organisé aussi. On ne parle pas de « brigade » pour rien. Finalement, ces règles strictes, ce rapport à la présentation, me faisaient penser, d'une certaine manière, au passage en revue du 18e régiment de dragons que j'observais enfant avec mon grand-père. Alors, bien sûr, ce n'étais pas aussi net, aussi tranché, mais tout de même, c'est quelque chose qui s'en rapproche. Le port de tête, le regard fixe. Nous n'étions pas là pour rigoler mais nous prenions plaisir à accomplir notre devoir.

Je regardais les hommes, les femmes que je servais avec admiration. Ce n'était pas de la jalousie. Non, à aucun moment je n'ai été agité par ce genre de sentiments. Je ne les détestais pas d'être là et d'être ce qu'ils étaient. Je ne me détestais pas non plus de les servir. Cette vie, simplement, me faisait rêver. Je me disais qu'avec beaucoup de travail, de la patience et de la persévérance, avec une petite dose de chance probablement aussi, je pourrais me hisser vers ces milieux, vers ces modes de vie.

Je suis un fervent partisan du mérite. Ce n'est pas seulement une question de diplôme. Non, je crois en cette valeur que l'on a tendance à dénigrer aujourd'hui, je crois au travail. Que cela s'exprime à l'école ou dans une entreprise, derrière une caméra ou dans des salles des ventes, peu importe ! Il y a des milliers de façons de travailler, des milliers de façons d'y parvenir. La seule chose qui compte, c'est l'envie, l'obsession parfois. La persévérance, le courage, cette idée de ne jamais lâcher.

Donc, non, je n'étais pas bêtement jaloux des personnes que je servais dans ces réceptions. Au contraire. Ils incarnaient pour moi un objectif, un rêve à atteindre. Je n'avais alors pas honte de travailler pour eux, comme plus tard, je n'ai pas eu honte de travailler pour Pinault ! Il y aura toujours des gens plus riches que vous. Il y aura toujours des gens plus jeunes aussi ou plus beaux. Tant mieux ! Il se trouve que j'avais la chance d'être là, car même si je travaillais en tant que serveur, je considérais que c'était une chance de pouvoir observer ce monde inconnu d'aussi près. Et qui sait, peut-être qu'un jour j'organiserais moi aussi des réceptions incroyables !

Roger

Un peu avant mon départ aux États-Unis, Jean-Jacques Debout m'avait donné le numéro de téléphone d'un de ses amis qui habitait à New York. C'était Roger Prigent, le grand photographe de mode. Pour le magazine *Vogue*, il avait shooté toutes les plus grandes stars, les plus belles filles, les mannequins les plus célèbres.

Roger avait aussi une passion pour les objets anciens. C'est comme ça qu'il avait fait fortune. Il était spécialisé dans le mobilier Empire et, grâce à ma passion pour Napoléon, Jean-Jacques avait pensé que l'on pourrait bien s'entendre.

Je l'ai appelé, je me suis présenté, je lui ai expliqué que j'étais un ami de Jean-Jacques, de Charles Trenet aussi. Je lui ai dit que j'étais à New York pour quelque temps et que je travaillais pour Tentation. Le plus simplement du monde, il m'a invité à dîner chez lui.

Je suis arrivé devant un énorme building. L'appartement de Roger occupait deux étages. Le reste, c'était pour ses boutiques d'antiquités. Pour un jeune passionné de Napoléon comme moi, sa collection d'objets Empire était fascinante. Je regardais chaque chaise, chaque commode comme une bénédiction. Toutes ces dorures ! Ces formes si simples, si pures ! J'étais frappé par tant de classe. Les tableaux, les pendules, les couverts même, j'aimais tout ! Car ce n'était pas seulement sa boutique d'antiquités. Roger était un vrai passionné. Chez lui, comme chez moi aujourd'hui, il s'agissait de vivre au milieu d'objets Empire mais aussi de s'en servir. De l'argenterie a beau être de l'argenterie, c'est avant tout des fourchettes et des couteaux, des couverts avec lesquels on déjeune ou l'on dîne. À quoi bon ranger tout cela dans des vitrines ? Je suis un collectionneur, pas un fétichiste. Les objets, même de valeur, sont faits pour être utilisés ! Et j'ai immédiatement vu cela chez Roger. Ce n'est pas une question de fortune. Non, c'est une manière d'envisager l'existence, l'Histoire et la passion des objets. C'est une manière – un art – de vivre !

On a tout de suite eu un coup de foudre amical avec Roger. Comme une connexion immédiate. Il adorait Napoléon, il avait grandi à Rueil-Malmaison. Entre nous, ça a matché tout de suite. C'était un type de soixante-sept ans plein d'élégance et de délicatesse. Il m'a introduit dans le cercle fermé des collectionneurs américains. Avec lui, j'ai pu par exemple rencontrer les hommes de la Napoléons Society au

Canada. Je l'accompagnais aussi dans les salles des ventes. Une fois, j'ai même eu la chance de discuter avec Gianni Versace. C'était drôle. Versace était là, chez Sotheby's, dans son costume orange.

— Je m'appelle Versace, a-t-il dit.

— Et moi Napoléon, lui ai-je répondu.

Pour moi, Versace, c'était une marque de luxe, pas un homme. On a bien ri avec Roger ce jour-là !

Assez naturellement, j'ai quitté mon job chez Tentation et je suis venu donner un coup de main à Roger Prigent pour « Malmaison Antique », ses boutiques d'antiquités. Il avait senti que j'avais un œil, que j'avais suffisamment étudié, que j'avais suffisamment de talent aussi peut-être pour reconnaître tout de suite, à l'instinct presque, un objet qui valait le détour, un objet qui sortait du lot. Et je dois avouer que, malgré tout, je me sentais plus à ma place dans les salles des ventes que dans les cuisines d'un traiteur. Cette opportunité réunissait la curiosité que j'avais de découvrir le monde des paillettes et des stars – l'environnement en somme de Roger – et ma passion de toujours : l'Histoire. J'ai compris alors que je pouvais allier les deux. À mes yeux, avant, il y avait, d'un côté le spectacle, avec l'humour, les fêtes et les peoples, et de l'autre, ma collection, les boutiques spécialisées et les revues illustrées. J'ai réalisé ainsi que la réalité était beaucoup plus diffuse, que ces deux mondes a priori si différents pouvaient se rejoindre et s'unir. Si Gianni Versace achetait des pièces de collection Empire, alors tout était possible !

L'envers du décor

Roger Prigent m'a présenté un soir à Maur Dubin. C'était un homme d'une classe folle, sosie parfait de Kirk Douglas. Il portait des bagues en jade et des grosses fourrures. Je n'avais jamais rencontré quelqu'un comme lui. Il était hors du temps. Il avait des airs de rock star ou de héros de roman, de bandit cultivé ou de dandy voyageur. Il était vraiment à part, hors du commun, un personnage comme l'on en rencontre très peu, de ces hommes qui vous marquent et dont vous ne pouvez pas manquer de vous souvenir si d'aventure vous avez croisé son chemin.

Maur Dubin s'est pris d'amitié pour moi. Je devais le faire marrer avec mon petit look très sérieux, très frenchy. Je n'étais pas du tout aussi excentrique qu'aujourd'hui. J'étais beaucoup plus timide et effacé. Je dirais presque que je ne m'étais pas encore rencontré, comme si ma vraie personnalité ne m'était pas apparue. Je ne sais pas, quelque chose me retenait. Je me cherchais encore. Certaines personnes ont besoin de temps pour se découvrir. Ça a un peu été mon cas. Certaines personnes vous aident à vous affirmer. Maur Dubin a été un de ces déclencheurs pour moi. Il a suffi que je le voie vivre et se contenter d'être lui-même pour que cela change quelque chose en moi. Ce qui m'étonne encore plus, c'est qu'il l'a fait complètement malgré lui. Je veux dire que l'on n'en a jamais parlé, qu'il ne m'a jamais donné de conseils ou ce genre de choses. Je ne l'ai pas non plus pris comme mentor ou comme exemple, mais seulement, à ce moment de ma vie, à l'âge que j'avais, me lier d'amitié avec un homme dont la personnalité était aussi affirmée, aussi puissante, m'a ouvert les yeux. Pour la première fois, je le comprenais, on pouvait être ainsi, absolument soi-même quitte à être différent des autres. Ça a été une vraie révélation, comme un souffle de liberté qui me criait d'être moi-même, absolument moi-même et rien d'autre !

Quelle époque idéale pour se révéler à soi ! C'était New York à la fin des années quatre-vingt et je ne voulais pas en manquer une miette. La journée, je travaillais avec Roger. Il m'apprenait beaucoup de choses. Même si j'avais déjà un œil, je n'étais évidemment pas à son niveau. Je l'écoutais, je lisais le plus possible, des manuels, des livres de spécialistes ou les catalogues de vente. Puis, quand mon apprentissage de la journée était terminé, venait la nuit, et alors, je sortais avec Maur Dubin.

Dans sa voiture, flottait l'odeur de la marijuana. Je me contentais d'une ou deux coupes de champagne, mais je les accompagnais. On allait d'une boîte à l'autre. C'étaient des endroits dingues, si libres, si intenses. Il y avait le Limelight, le Roxy. Des entrepôts, des églises désaffectées, et là, cinq mille mecs à moitié à poil qui dansaient comme des fous. C'était le culte du corps. Avec mon petit 501 et mon blouson en daim, je n'étais pas vraiment raccord. Je n'attirais pas trop les regards de ces types bodybuildés. Mais j'aimais cette liberté, ces spectacles de tous les instants. Aucune soirée ne se ressemblait. Même s'il y avait une scène, un noyau dur de personnes qui étaient là à chaque fois, chaque soirée était une aventure à part entière, une expérience unique.

C'était le début de la musique électronique. C'étaient les drogues qui allaient avec, du coup. On me proposait de la cocaïne et je croyais qu'on voulait m'offrir un Coca ! Mais j'avais beau boire du Sprite tranquillement quand les autres se gavaient d'extasy, je m'amusais. Je ne sais pas, il y avait une telle énergie, une telle liberté. On aurait dit que l'on était dans un pays à peine sorti de la guerre et qu'il fallait profiter, se sentir vivant, tout expérimenter, faire l'amour, danser, rire surtout, oui, rire comme si on pouvait mourir demain.

Ça a été le cas d'ailleurs pour certains, avec l'arrivée du sida. On ne savait pas très bien ce que c'était alors, mais dans les milieux gays, l'épidémie faisait rage. Je pouvais dîner avec des types un soir chez Roger, demander de leurs nouvelles deux mois plus tard et apprendre qu'ils étaient morts. Je me souviens très bien de cette phrase que Roger avait : « *Baby don't touch.* » À cette époque, il a été pour moi comme un ange gardien.

Une sorte d'instinct de survie m'a protégé des drogues dures. J'avais peur de sortir de moi-même. Je profitais des soirées, je m'amusais, mais je n'avais pas besoin d'aller chercher dans les excès pour y parvenir. J'étais là, je regardais, j'apprenais, je riais, mais il y avait toujours dans un coin de ma tête comme une voix qui me disait quoi faire, comme un panneau qui m'indiquait clairement certains dangers.

Au milieu de ça, il y avait aussi la violence de la crise. C'était le début de l'ère Bush. L'Amérique sortait amochée des années soixante-dix. Le dollar était bas, on sentait la pauvreté partout. New York, c'était aussi bien les paillettes que la misère la plus totale. Il y avait cette violence qui planait. Les rues n'étaient pas sûres – il y avait beaucoup de vols, d'agressions. Il ne m'est rien arrivé mais je sentais cette violence, ces menaces tout autour – le rêve américain qui à tout moment pouvait se transformer en cauchemar.

Malgré tout, j'aimais cette ville et ces ambiances. Ça a vraiment été pour moi un voyage fondateur, formateur. J'ai pu connaître cette liberté. Je ne vois pas aujourd'hui dans quelle discothèque, à Paris, aux États-Unis ou ailleurs il pourrait flotter un tel air de liberté. L'époque veut ça. Nous sommes étrangement renfermés sur nous-mêmes. Les gens ont peur des scandales, du regard des autres. En même temps, quand on sait que tout peut ressortir sur les réseaux sociaux, je les comprends.

C'est l'effet pervers d'Internet. La moindre gaffe, la moindre blague sortie de son contexte peut donner lieu à une quantité ahurissante d'articles, de commentaires. J'en ai fait les frais ! Comment voulez-vous que les gens se lâchent s'il y a cette menace d'être exposé en photo, en vidéo devant le monde entier ? À New York, à la fin des années quatre-vingt, on était à vingt mille lieues de pouvoir imaginer une chose pareille ! Si quelqu'un vous voyait dans telle boîte jugée scandaleuse, c'est qu'il y était aussi ! Croyez-moi, ça simplifie grandement les choses.

Parfois, je plains les jeunes qui n'auront connu qu'un monde connecté. Qu'en sera-t-il de leur vie privée ? Imaginez un gamin qui subit des moqueries à l'école. Eh bien, quand il rentre chez lui, avec les messageries instantanées, les

SMS, les réseaux sociaux, ça ne s'arrête jamais. À l'école, comme je n'étais pas un enfant comme les autres, on s'est aussi souvent moqué de moi. Je parlais de Napoléon, je dialoguais avec mon professeur d'Histoire, vous comprenez bien que parfois, souvent devrais-je dire, j'étais sujet à des brimades. Mais au moins, de mon temps, quand je rentrais de l'école, c'était fini jusqu'au lendemain. Et je crois que le vrai problème du harcèlement scolaire aujourd'hui, c'est justement qu'il ne s'arrête pas après l'école. Un peu comme si les enfants ramenaient ceux qui les martyrisent dans leur chambre par le biais de leurs téléphones, de leurs ordinateurs.

Pour ça, je trouve que la télévision est un bon média. Il n'y a pas cette interaction néfaste comme avec les réseaux sociaux. C'est un média qui instaure une sorte de distance, de respect. C'est d'ailleurs une de mes préoccupations car une grande partie de mon public se trouve parmi les enfants. Je suis fier de pouvoir chaque jour les faire rire à la sortie de l'école, de pouvoir les instruire. Les enfants aussi ont besoin de sortir de leur quotidien, de leur époque !

Moi, aujourd'hui, je suis prêt à jouer le jeu puisque ça fait aussi partie de mon travail. Je sais qu'un paparazzi peut à tout moment me photographier dans la rue, à la plage ou en sortant d'un restaurant, ce qui représente une atteinte à ma vie privée. Mais cette violence n'est absolument pas la même chose car j'ai choisi ce métier avec ses avantages et ses inconvénients. Je connaissais les règles du jeu avant d'y jouer.

Pour toutes ces raisons, et ce sentiment salvateur de liberté avant toute chose, ces quelques mois passés à New York m'ont marqué à vie. J'y ai appris à devenir qui je suis. J'ai appris à ne plus me soucier du regard des autres. Mais, comme pour tous les voyages initiatiques, il a fallu rentrer à la maison.

Salles des ventes

De retour à Paris, Roger Prigent et moi étions toujours en lien. Nous étions devenus amis et il voulait me faire travailler. Ce n'était pas vraiment un travail officiel. Parfois, Roger me demandait d'acheter deux trois petites choses pour lui à Drouot. Il avait confiance en moi. Il avait confiance en mon œil aussi. À force de rêver à Napoléon, je pouvais reconnaître à coup sûr un vrai d'un faux. Je pouvais estimer la valeur d'un objet Empire. Je savais ce qui était rare, ce qui valait le coup. C'est un mélange précis. Il y a le feeling et la connaissance historique. En mêlant les deux, en général, on obtient de bons résultats, on fait des affaires. Si vous n'êtes pas passionné par ce que vous achetez, c'est très compliqué de se faire un œil. Ça tombait bien pour moi : à cette époque (aujourd'hui encore d'ailleurs), je respirais Napoléon vingt-quatre heures sur vingt-quatre, sept jours par semaine et trois cent soixante-cinq jours par an ! À aucun moment l'ombre de l'Empereur ne m'échappait. Je pensais à lui tout le temps. Combien d'heures n'ai-je pas passées à potasser des études, des catalogues ou des livres d'histoire. Je mentirais en disant que c'est arrivé comme ça. J'ai beaucoup travaillé. Mon œil, il a fallu l'exercer, l'entraîner comme le ferait un sportif de haut niveau.

Il n'y avait pas de téléphone portable à l'époque. Je devais repérer ce qui allait plaire à Roger sur les photos en noir et blanc des catalogues et lui faxer pour voir si j'avais vu juste. C'était toute une logistique. Pour les paiements aussi. Je me souviens de sa sœur m'apportant des chèques pour régler les vendeurs. Notre époque est tout de même plus facile pour ces choses-là !

Doucement, je me suis fait remarquer dans les salles des ventes. J'achetais pour Roger mais aussi un peu pour moi, pour ma collection. J'ai tout de suite aimé ces ambiances. Je ne connais pas excitation plus grande que remporter un objet repéré depuis longtemps. C'est un peu comme une chasse au trésor. On va dénicher la perle rare. Parfois, les autres sont passés à côté, parfois, une bataille s'engage avec un autre acheteur. À cette époque-là, je les connaissais tous. Un peu comme dans les grandes discothèques new-yorkaises, il y avait une scène d'habitués, les piliers de Drouot, la salle des ventes parisienne. Bien sûr, ici aucune musique, aucun alcool, mais pour moi, l'ivresse était plus intense encore !

Je n'étais qu'un petit jeune mais je commençais à me faire un nom à Drouot. Lentement, je pénétrais un milieu, j'apprenais ses codes, ses usages.

En général, les collectionneurs n'ont pas vraiment mon profil. Ils ont soit hérité d'une fortune de famille ou alors, ils ont fait fortune ailleurs, je n'en sais rien, dans le pétrole ou à la Bourse par exemple, et ils investissent ensuite dans des pièces rares, par goût, par passion ou pour un simple investissement potentiel. Moi, c'est autre chose. J'ai commencé par ma collection. Je n'avais pas de mise de départ. Je me suis fait seul, comme on dit. Enfin, ce n'est pas tout à fait vrai, je me suis fait seul mais beaucoup grâce à la chance que j'ai eu de rencontrer les bonnes personnes au bon moment. Et Roger a été l'une d'elles, évidemment. Roger Prigent m'a rendu un sacré service pour ça. Je lui en serai éternellement reconnaissant. Comme quoi, la vie est faite de rencontres, d'amitié et de relations de confiance.

Mais avant de continuer sur Drouot et les autres salles des ventes, je voudrais raconter un épisode de ma formation qui a lui aussi eu un impact décisif. Il s'agit de mon aventure sur la *Jeanne*.

La Jeanne

Pour mon service militaire, j'ai d'abord été affecté aux renseignements généraux à Paris. Je ne suis pas vraiment fait pour la vie de bureau. Imaginez-moi assis dans un fauteuil dans une petite pièce éclairée au néon ! Non, ça ne marche pas ! Je m'emmerdais allègrement. C'était un travail administratif tout ce qu'il y a de plus répétitif. Je repensais à mon séjour aux États-Unis avec nostalgie. Je n'avais pas le temps, non plus, d'aller dans les salles des ventes pour dénicher des objets. Je me sentais en tout point privé de ce qui me plaisait dans la vie. J'étais dans un état étrange, presque robotique et éteint. J'avais demandé, alors, à quelques connaissances si je ne pouvais pas être transféré.

Et là, dix jours avant le départ de la *Jeanne d'Arc*, je reçois chez moi un coup de téléphone. Je ne me souviens plus de ce que je faisais.

Je décroche machinalement. J'entends une voix tout ce qu'il y a de plus officielle et affectée :

— Matelot Chalençon ? Matricule 0592… ?

— Oui, c'est lui-même ?

J'ai cru que l'on m'appelait pour me faire des reproches ou au mieux des remarques concernant mon manque d'entrain et d'engagement dans mes travaux administratifs.

— Vous avez été sélectionné pour partir sur la *Jeanne*.

J'ai cru que c'était une blague, mais non, j'allais partir en voyage autour du monde une année complète ! Le rêve !

La voix au téléphone n'avait pas l'air très sensible à mon excitation. Des nouvelles comme celle-ci, l'homme au bout du fil devait en annoncer à la pelle. Mais pour moi, c'était vraiment un rêve éveillé qui s'annonçait. Non seulement j'allais quitter les locaux tristes des renseignements généraux, mais en plus j'allais vivre une aventure hors du commun ! Le voyage, le monde tout entier, la franche camaraderie et tout ça en pleine mer ! Pour le jeune homme que j'étais alors, c'était le rêve absolu. Je n'arrivais pas à y croire. Je me souviens très bien m'être demandé longuement ce soir-là si tout ça n'était pas une vaste blague, un canular dont j'aurais été victime. Puis je me rassurais. Non, comment connaîtraient-ils mon matricule ? Et puis la voix avait vraiment des accents trop officiels et protocolaires pour être celle d'un ami. C'était bien vrai, j'allais vivre sur la *Jeanne* ! Moi qui, quelques heures plus tôt, me lamentait dans les bureaux des renseignements généraux en repensant à mon aventure américaine ! Eh bien, le voyage frappait directement à ma porte !

La *Jeanne d'Arc* était un croiseur porte-hélicoptère conçu dans les années soixante. À mon époque, c'était un « bâtiment-école », comme ils disaient, pour former les petits gars de la marine. C'était surtout un navire impressionnant, de plus de 180 mètres de long et de 24 mètres de large. Imaginez ce que ça représente ! Tout ça pouvant atteindre les 30 nœuds, soit 55 km/h !

J'étais vraiment content de partir. J'aurais bien le temps en rentrant de me consacrer à nouveau à ma collection. On vous offre rarement des opportunités comme celle-là dans la vie. La mer, le voyage, l'inconnu surtout ! Et dans des conditions si particulières ! J'étais d'autant plus chanceux que mon père me versait chaque mois un peu d'argent en plus de ma pension de matelot. « On ne part pas tous les jours faire le tour du monde, je veux que tu en profites », m'avait-il dit.

J'occupais le poste du fils de Coluche, qui était retourné à la vie civile, comme on dit. Il y avait une mixité, un mélange incroyable. Des garçons de tous les horizons, de tous les milieux, venus des quatre coins de la France. Des fils d'ouvriers et des fils d'avocats, des rentiers et des paysans, tous logés à la même enseigne. C'était fantastique ! Le service militaire tel que je l'ai connu avait vraiment une puissance démocratique époustouflante. Qu'importaient alors la classe sociale ou l'argent de famille, nous portions tous les mêmes uniformes, nous recevions tous les mêmes ordres. Et j'écoutais les histoires de chacun. Moi qui ai toujours été curieux des gens, j'étais servi !

Je découvrais la vie en communauté, ce qui m'a demandé un léger temps d'adaptation. Je ne suis pas un enfant des pensionnats ou des colonies de vacances. Partager ses douches, ne jamais pouvoir être seul, encore moins sur un navire dont on ne peut pas partir, tout cela représentait pour moi quelque chose d'inédit. Je l'ai pris comme un défi. Je me suis habitué surtout. Aux autres, à la hiérarchie, aux règles officielles, aux règles officieuses, et à toutes ces petites traditions qui prennent dans l'armée parfois une place considérable. Et malgré les petits ajustements, les concessions que je devais faire, comme tout le monde, sur mon confort, ma solitude, j'étais absolument heureux. C'est pour ça que je reste convaincu aujourd'hui que la suppression du service militaire a été une erreur. Plus que de nous préparer à la guerre, le service faisait de nous des citoyens conscients des disparités, ouverts aux différences et sensibles aux grandes valeurs de la République. Ça nous a inculqué un sens du devoir, de la nation aussi, une idée du patrimoine, une idée de la France.

J'y ai appris la valeur du travail et le sens de la discipline. Aujourd'hui encore, plus souvent qu'on ne le croirait, ces préceptes me sont d'une aide précieuse. Une manière d'organiser son travail, d'être fiable sur les horaires, de ne pas rechigner à la tâche. Oui, tout cela m'a formé et me sert encore.

La vie en mer

Sur le navire, c'était un peu comme la vie de caserne. Imaginez tous ces jeunes garçons qui, entre les escales et les manœuvres, doivent bien tuer le temps et l'ennui. Alors j'organisais des petits spectacles – j'ai toujours aimé divertir les autres. J'étais bon en imitation. Je faisais Chirac, Giscard ou Mitterrand. On rigolait bien ! Très vite, j'étais devenu le clown officiel de la *Jeanne*. J'étais heureux de pouvoir enfin perfectionner ces imitations devant un public et non plus dans la solitude de ma chambre ! Je pouvais observer les réactions et accueillir les rires et les applaudissements. Quelle sensation grisante ! Quelle joie ! Les matelots me réclamaient des blagues, des sketchs. Je les faisais rire et ils en redemandaient ! Quel bonheur quand même de pouvoir faire voyager ainsi les gens.

Comme je réfléchissais à de nouveaux sketchs, avec un ami, un autre soldat, on a décidé de monter quelque chose. La *Jeanne* avait sa propre chaîne de télévision pour divertir les matelots. Alors, on a créé notre propre émission. Ça s'appelait « Marché de l'art ». Tous les deux, chaque semaine, on enregistrait notre petit programme. Ça marchait bien. On avait notre public et surtout, on s'amusait à jouer aux présentateurs sérieux. C'est à ce moment-là que j'ai compris qu'il y avait quelque chose à faire. Plus que mes imitations de Mitterrand au spectacle de Noël. Je veux dire que j'ai compris que je pouvais divertir en même temps qu'instruire. Ça me plaisait et le public était au rendez-vous. Doucement, alors, cette idée a fait son chemin dans ma tête. Faire le clown, c'était une chose – il n'y a rien de mal à ça d'ailleurs. Mais j'avais cette passion de l'Histoire aussi. Et enfin, il m'apparaissait que je pouvais combiner les deux.

On a fait une quinzaine d'escales. Quelle chance de découvrir le monde comme ça, en uniforme et sur ce bateau si prestigieux. Dans chaque port, nous faisions sensation. Les gens, en général, sont sensibles à l'esthétique militaire, d'autant qu'en temps de paix, ce n'est pas synonyme de menace ou de combats. Les gens sont sensibles à l'uniforme, disais-je, comme je l'étais, enfant quand j'accompagnais mon grand-père dans son passage en revue du 18e régiment de dragons. Nous étions fiers alors de porter les couleurs de la nation. Moi qui en plus était déjà pleinement habité, possédé presque par la figure de Napoléon, ça me faisait remonter tout un tas d'images et de fantasmes. J'avais parfois le sentiment de retrouver la grandeur de l'Empire.

Au début de l'année 1993, on s'est arrêtés à Philadelphie. J'ai pu aller voir Roger Prigent avec un copain matelot à New York. J'étais tellement heureux de le retrouver. Sa vue commençait à baisser mais il était encore en pleine forme. Roger a toujours été très alerte et ouvert au monde qui l'entourait. Il était ravi de rencontrer un de mes amis de l'armée. Mais Roger était calme, presque rangé, et nous étions deux jeunes, en permission, bien décidés à faire la fête, à profiter à fond de ces quelques jours, de ces moments arrachés à la vie collective, dans la ville la plus palpitante du monde. Quel meilleur partenaire alors pour une virée de ce genre-là que mon vieil ami Maur Dubin ?

Nous gardions nos uniformes, arborant fièrement notre condition. Et Maur était enchanté de pouvoir promener dans la ville deux jeunes garçons habillés en matelot ! Il faut nous imaginer tous les trois dans les rues de New York. Mon camarade et moi, si immédiatement reconnaissables, et Maur Dubin, avec toute l'excentricité que je lui connaissais, ses costumes acidulés et ses grands manteaux de fourrure. Nous formions un trio étrange. Lui au milieu et nous deux de chaque côté, comme s'il se reposait sur nos épaules. Nous allions dans les bars. Nos entrées ne passaient pas inaperçues mais on se foutait bien de la discrétion. On était là pour notre amusement, pour nos découvertes, pour le voyage. Quelle chance de pouvoir fouler l'asphalte de cette ville immense une fois de plus ! C'était une première pour mon camarade. Je jouais un peu au guide. J'avais habité là trois mois, j'y avais mes adresses, je connaissais les bons restaurants ou les bars cachés. Je connaissais les bonnes personnes aussi. Mon camarade était fasciné. Il n'atterrissait pas, comme on dit. Ces quelques jours de permission ont été épiques. On s'est drôlement marrés ! Et nous sommes rentrés à nos postes le cœur léger.

J'ai saisi lors de cet épisode-là que je pouvais également me démarquer grâce à mon allure. L'uniforme a rempli ce rôle pour moi. Pour la première fois je percevais la puissance du « look ». J'ai quitté New York en me faisant cette promesse : en rentrant, j'abandonnerais mes vêtements classiques et passe-partout, ces pantalons, ces vestes que je portais par convention, par habitude. J'allais me révéler aussi grâce à mon allure, en portant exactement ce que j'aimais – et peu importe le regard des autres.

Memphis

Alors que la vie ordinaire sur la *Jeanne* reprenait son cours, j'ai entendu parler d'une grande exposition Napoléon à Memphis. Nous étions, à ce moment-là, en escale à La Nouvelle-Orléans pour plusieurs jours. J'ai demandé une autorisation spéciale pour pouvoir aller jeter un œil à cette exposition. J'ai obtenu une dérogation de deux jours. On m'a prêté un blazer et d'autres vêtements civils et comme ça, avec un autre ami du service, on est partis visiter l'exposition organisée par Bernard Chevallier, le célèbre spécialiste de l'histoire napoléonienne et conservateur de Malmaison.

C'était à ma connaissance la plus grande exposition d'objets liés à Napoléon à l'étranger. La collection était exceptionnelle. J'étais enchanté de voir tout ça. Il y avait des pièces fantastiques. Bien sûr, à l'époque, ma collection n'avait rien à voir avec celle d'aujourd'hui. J'étais à mille lieues d'ailleurs d'imaginer qu'un jour je possèderais des tissus, des autographes, des reliques aussi importantes, aussi rares que celles qui étaient sous mes yeux à Memphis.

Comme à chaque fois que j'entre dans un lieu où l'on rend hommage à Napoléon, j'ai été pris d'une vive émotion. C'est un mélange étrange, entre le frisson et la palpitation. C'est quelque chose de physique. Ça peut paraître absurde quand on ne le vit pas, mais je sens alors vraiment l'Empereur couler dans mes veines, comme s'il s'emparait de mes muscles et de mes os. Il entre en moi comme dans les histoires occultes d'esprits ou de voyance. Je ne suis pas opposé à l'idée du surnaturel. Mais là, il ne s'agit pas de théoriser, simplement de restituer ce que me procure ce genre de visites, ce genre de contacts.

À Memphis donc, mon cœur s'est emballé, mon souffle s'est accéléré. Je me suis senti bien, exactement à ma place, comme si mon âme se connectait à celle de Napoléon. Les gens pensent souvent que j'exagère, quand je dis ça. Que ça ferait partie d'un personnage que j'aurais créé. Eh bien, je peux vous dire que ce n'est pas le cas. Ces choses-là, je les ressens vraiment. Ce n'est pas une image non plus ou une façon de parler. Mon camarade qui m'accompagnait était d'ailleurs totalement surpris de me voir dans un tel état. De la transe presque. De la passion.

Cette visite peut-être plus qu'aucune autre a été pour moi un déclic. Il était donc possible d'intéresser les gens à une collection d'objets ! Le public était là. Il était nombreux. Studieux aussi, lisant chaque cartel, prenant le temps d'observer chaque objet, chaque bijou, chaque tableau. C'est tellement agréable d'observer des amateurs plus ou moins éclairés, des promeneurs, des gens simples, avides de connaissance, se prendre de passion pour ce qui vous tient, ce qui vous habite.

Et chose encore plus folle, le public américain était curieux de tout ça, de cette histoire qui me semblait alors réservée à un public franco-français. Ils ont leur histoire et leurs héros. Qu'ils se passionnent pour notre Empereur montrait bien que la personnalité de Napoléon, que son image, étaient absolument hors du commun.

Bernard Chevallier avait eu le nez creux. Le public américain se révélait non seulement plus curieux que je n'aurais pu le croire mais aussi déjà initié à la figure de Napoléon. Son prestige avait donc traversé l'Atlantique. Plus d'un siècle et demi après sa mort, il continuait à vivre dans le monde entier, à rameuter les foules et à surprendre, à fasciner.

Ce jour-là, ma décision était prise : j'allais tout faire pour organiser des expositions Napoléon à travers le monde. Cela a changé ma vie.

Le spectacle ou la collection ?

Charles Trenet, en plus d'être un ami, a toujours été pour moi un modèle. Bien sûr, il avait la carrière qu'il avait, mais ce n'est pas que cela. Il avait cette douceur, cette sagesse des hommes dont on écoute les conseils.

Nous avions une relation très pure. Je ne crois pas avoir jamais depuis rencontré quelqu'un qui me comprenne autant que Charles. Maintenant encore, je pense à lui chaque jour. Je revois son sourire, ses yeux pétillants. C'était un homme qui aimait rire, qui aimait ses amis. Le « Fou chantant », celui qui chérissait tant le spectacle, la scène et le public avait aussi appris à s'en méfier. Alors que j'étais encore un adolescent réfléchissant à ce que j'allais faire plus tard, je me souviens parfaitement de Charles me donnant ses conseils. Je l'entends comme si c'était hier, comme si nous étions encore dans sa belle propriété du Midi, le « Domaine des Esprits » à côté d'Aix-en-Provence, attablés dehors avec le son des cigales, et le soleil de l'été, alors que je rentrais à peine de mon service sur la *Jeanne*.

« Tu vois Pierre-Jean, dans la vie artistique, le talent entre en jeu, bien sûr. Toi, tu as le talent de tes imitations, tu aimes faire rire les autres, faire le clown, le spectacle. Mais dans la réussite d'une carrière, le talent ne compte que pour 10 %. Et le reste ? Eh bien, le reste, les 90 % restants, c'est de la chance. Oui, de la chance. Tu vois, moi par exemple, j'ai eu 90 % de chance. Admets que ce n'est pas une voie très sûre. Moi, je n'avais rien d'autre que mon envie de chanter, que mon envie de jouer. Toi, il y a autre chose qui te tient. Toi, tu as Napoléon. Et même si ça te paraît tout à fait normal, permets-moi de te dire que ce n'est pas aussi courant que tu peux le croire. Napoléon, tu es le seul. Le spectacle, ils sont des centaines, des milliers à se battre pour recevoir les honneurs. Si tu veux savoir mon avis, je pense que tu devrais faire ta collection. Concentre-toi sur Napoléon, sur ces objets que tu trouves et que tu rassembles. Concentre-toi sur l'Histoire, le patrimoine. C'est une chose rare qui t'habite, Pierre-Jean. Avec ta collection, le pari est moins risqué. Car si tu travailles, si tu continues ce que tu as entrepris déjà, tu seras un jour à la tête de la plus grande collection du monde. Et alors, il sera toujours temps de faire du spectacle, de réaliser ton autre rêve. »

Je l'entends encore aujourd'hui et je ne peux pas m'empêcher de me dire que Charles a été pour moi un ange gardien. Sans le savoir, il m'a donné ce jour-là le conseil le plus précieux que l'on m'ait jamais donné. J'ai suivi sa sagesse et j'ai pu faire exactement ce qui me plaisait depuis le début : la collection ET le spectacle.

De Drouot à la télévision

Après mon service militaire, je suis retourné en salle des ventes avec encore plus d'assiduité. J'achetais pour Roger Prigent. Cette époque m'a beaucoup appris sur les objets, sur leur valeur ou leur cote, sur les modes aussi, car parfois il vaut mieux attendre pour acheter tel genre d'objets qui sont anormalement demandés. Je me suis formé sur le tas, et j'ai appris comment me comporter en salle des ventes.

Drouot, comme toutes les autres salles des ventes, est un univers à part, opaque, fermé. Il faut connaître les codes, les comportements à éviter. Il faut aussi que les autres vous fassent confiance. C'est un milieu où la réputation fait souvent loi. Les acheteurs sont discrets. Ils chérissent souvent leur anonymat. Personne n'a envie d'étaler sa fortune. Eh bien, quand on achète, c'est la même chose. Les acheteurs, souvent, se méfient de tout et de tout le monde. Il y a tellement d'histoires de jalousie, de trahison. C'est à peine croyable. Dès lors que l'argent intervient, les gens parfois sont méconnaissables. Même un homme droit, s'il veut à tout prix posséder un objet, que ce soit une mèche de cheveux de l'Empereur ou une Ferrari, ce même homme, bien sous tous rapports, peut se révéler capable des calculs les plus sordides, de manigances, et parfois même carrément de chantage. Pour toutes ces raisons, les acheteurs s'assurent donc une tranquillité grâce à leur discrétion.

Moi, je n'avais pas vingt ans. En dépit de la promesse que je m'étais faite, je n'avais pas encore mon look d'aujourd'hui. J'avais les cheveux courts, des petites lunettes rondes et des vestes en tweed. Bref, pas grand-chose pour qu'on me remarque ! Mais comme j'étais là tout le temps et que mon regard se faisait de plus en plus aiguisé, on a commencé à m'accepter. Dès qu'un objet touchait à la période de l'Empire, je le repérais. Je l'achetais parfois pour Roger et parfois pour moi. C'étaient des petites choses, parfois des plus grosses.

Mes journées se ressemblaient. J'arrivais à 10 heures du matin pour tenter d'être l'un des premiers sur place. À Drouot, les salles des ventes ouvrent à 11 heures. Après mon café, ce rituel que j'aimais tant, j'essayais de passer par les coulisses vers 10 h 30. Je faisais mon petit tour de salle. Ça me permettait de me faire une idée générale, de prendre un train d'avance. Je gagnais du temps aussi : si rien ne m'intéressait (même si ça n'arrivait pas souvent), je pouvais éviter la vente et ne pas perdre plusieurs heures à regarder défiler des objets qui ne me parlaient pas ou qui se trouvaient tout à fait en dehors de mes moyens ou de ceux de Roger. Il faut reconnaître parfois que l'on ne peut pas suivre.

Puisque j'avais peu d'argent, je déjeunais d'un hamburger au McDonald's des Grands Boulevards, ou d'une margherita chez Pizza Pino. Ce n'était pas vraiment le faste des grands collectionneurs ou des riches acheteurs. Je me sentais un peu comme un petit travailleur de Drouot, mais j'aimais ça ! Je ressentais une excitation infinie à être là, à faire partie de cet ensemble. Même si je n'étais pas un cador, je me sentais parfaitement à ma place. Drouot et sa magie. Je me fichais bien de ne pas être une star, de ne pas être non plus un gros acheteur. Je faisais ce que j'aimais, c'était déjà une chance ! J'apprenais, surtout. Je me faisais un réseau, rencontrais les bonnes personnes. J'ai toujours cru en ça. Ce n'est pas une froide question de calcul, c'est juste plus agréable pour tout le monde de travailler avec des personnes que l'on connaît. Aujourd'hui encore, je recroise des personnes que j'observais à Drouot ces années-là. C'est drôle quand même ! Je me demande si mon statut a changé ou si à leurs yeux je suis toujours le petit nouveau. De mon côté, l'émerveillement est le même qu'il y a trente ans. Certains objets font remonter en moi l'enchantement qui m'attrapait alors, quand du haut de mes vingt ans je m'approchais d'une mèche de l'Empereur, d'un bas ou d'un contrat signé de sa main. Je le disais, j'entretiens un rapport organique, passionnel à Napoléon. Et ça, tous les statuts du monde ne pourraient rien y changer. À vingt ans, achetant des petites choses ou, aujourd'hui, à la tête d'une collection unique, je suis finalement toujours le même gosse émerveillé par le moindre autographe, le moindre témoignage physique de Napoléon.

Peu à peu, je suis devenu un régulier, puis un habitué, puis une figure reconnue. Dans la vie, j'insiste, les gens font confiance aux personnes qu'ils reconnaissent, à leurs voisins, à leurs collègues, ou à ceux qu'ils vont croiser chaque lundi en allant faire des courses. Eh bien, dans le milieu des ventes aux enchères, c'est pareil. Il ne suffit pas d'être le plus offrant – il faut connaître les bonnes personnes, être reconnus par elles aussi. C'est une longue entreprise. Mais j'admets que j'ai eu certains coups de bol qui m'ont permis de gagner du temps.

À Drouot, j'avais sympathisé, par exemple, avec Florence, qui s'occupait du service de presse. TF1 l'avait contactée pour faire un reportage sur la salle des ventes. Ils cherchaient aussi des acheteurs pour en faire le portrait. Puisque j'avais une vingtaine d'année, Florence avait pensé à moi.

Ça permettait à Drouot de se donner une image un peu plus jeune et décalée. Il faut savoir parfois se dépoussiérer, même dans le milieu des antiquités !

Un reportage sur moi dans « 52 minutes sur la Une », la fameuse émission de TF1 présentée par Jean Bertolino de la fin des années quatre-vingt jusqu'au début des années 2000, bien sûr que j'ai accepté ! Même si je connaissais peu de choses au showbiz, je savais bien que l'on ne crache pas sur de la publicité gratuite ! Je pressentais déjà à quel point l'idée que le public se fait de vous peut être un atout.

L'équipe de TF1 est donc venue me filmer chez moi. J'habitais alors rue Tiquetonne, dans le IIe arrondissement de Paris. Ils m'ont interviewé dans ma chambre, avec mes deux fauteuils Empire et quelques petites pièces, ma lettre achetée à seize ans pour le prix de ma Vespa.

Comme n'importe qui, j'étais stressé. Même si j'étais à l'aise face à la caméra de notre petite chaîne sur la *Jeanne* ou à faire le clown à la fin des dîners, là, c'était autre chose ! Imaginez un peu, une équipe de tournage, journaliste, caméraman, preneur de son et éclairagiste qui arrivent chez vous et il faudrait avoir l'air naturel, parfaitement naturel. Ce n'est pas un métier pour rien. Certes, certaines personnes ont des facilités, mais quand même, ce sont des choses, des réflexes, des attitudes que l'on apprend avec l'expérience. On façonne son image avec le temps, comme disait récemment un ami. C'est vrai dans tous les domaines, d'ailleurs, et c'est pour ça que je n'ai jamais été ennuyé de vieillir. Avec les années, le but tout de même est de se perfectionner, d'apprendre encore et toujours.

« 52 minutes sur la Une » était une des émissions les plus populaires du week-end. Il ne faut pas oublier qu'à l'époque, l'offre télévisuelle n'était pas du tout aussi variée qu'aujourd'hui. Pas de câble, pas d'Internet, pas de vidéo à la demande, mais 5 chaînes, et puis c'est tout. Donc, cette émission de TF1 réunissait chaque dimanche soir pas moins de 10 millions de téléspectateurs. C'était considérable !

J'ai vraiment vécu un avant et un après « 52 minutes sur la Une ». Du jour où l'équipe de tournage est venue m'interviewer chez moi, dans ma petite chambre de la rue Tiquetonne, ça a été énorme. On me reconnaissait dans la rue, on me saluait. Les gens de Drouot aussi semblaient me respecter davantage. J'étais en tout point devenu une figure centrale. On m'appelait l'Empereur ! Alors, je n'étais pas le plus gros acheteur mais j'étais certainement devenu l'un des plus populaires.

C'est un peu comme Paul Bocuse. Bocuse n'était peut-être pas le meilleur chef du monde, mais il avait si bien compris les rouages, la mécanique des médias qu'il est devenu l'ambassadeur planétaire de la gastronomie française. Il avait eu l'intelligence de comprendre très tôt que les médias sont un outil qu'il ne faut en aucun cas négliger, donnant ainsi naissance à toute cette génération de chefs que l'on voit aujourd'hui popularisés à la télévision ou sur les réseaux sociaux. Tous ces cuisiniers ont des attachés de presse – ce n'est pas pour rien !

Eh bien, moi aussi j'avais compris ça. Si les médias pouvaient m'aider à construire une collection plus grande, plus belle, plus rare, je n'allais pas refuser. J'avais tout à gagner.

Et puis j'avoue, j'ai aimé l'exercice. Comme je le disais, j'ai toujours été attiré par le monde du spectacle. J'aime faire le clown, jouer avec la scène, avec les caméras ou les appareils photos. Je ne sais pas, c'est un peu comme si je me sentais encore plus vivant à ces moments-là. Il y a une excitation que l'on ne retrouve nulle part ailleurs. C'est une prise de risque, et avec les dangers maîtrisés, arrive l'adrénaline. La peur n'est rien face au soulagement !

Comme l'exercice m'a plu, je pense que j'ai été bon. Et donc, très naturellement, dès que le service de presse de Drouot avait besoin de quelqu'un, ils pensaient à moi. J'étais un bon client, je ne disais jamais non !

Pendant cinq ou six ans, j'ai donc été une figure incontournable de la salle des ventes parisienne. On me faisait facilement crédit, j'étais reconnu et apprécié. C'était agréable bien entendu, mais je ne voulais pas me contenter de ça.

Je voyais plus loin que ma petite célébrité de quartier. Le monde tout entier s'offrait à moi ! Je repensais à la *Jeanne*, à cette année de service militaire, tous ces voyages, ces endroits où je voulais retourner, tous ceux aussi que je ne connaissais pas encore. Je voulais vivre une aventure hors du commun, et Napoléon allait m'y aider !

Melbourne

Je ne suis pas du genre à me reposer tranquillement sur mes lauriers. J'aurais très bien pu me contenter de ma toute petite célébrité chez Drouot, d'une ou deux émissions de télé par an et d'une collection assez correcte sans être incroyable. J'aurais gagné ma vie, j'aurais pu garder le même petit appartement pendant trente ans et me réveiller un jour avec des meubles disposés exactement à la même place que quinze ans plus tôt. Oui, j'aurais tout à fait pu vivre cette vie-là, faite de sécurité et d'habitudes, de confort et de rituels.

Mais je ne suis pas fait de ce bois-là. J'aime que les choses avancent. J'aime repousser mes propres limites. S'il faut prendre des risques, eh bien tant mieux, je suis ravi de les prendre ! Je suis même prêt à me brûler les ailes. Donc, vous vous en doutez, j'ai fini par me trouver un peu à l'étroit à Drouot.

Depuis mon service militaire sur la *Jeanne*, je n'arrêtais pas de penser à la formidable exposition sur Napoléon montée par Bernard Chevallier à Memphis et à son véritable succès outre-Atlantique.

Moi aussi je voulais monter une exposition à l'étranger !

Et encore une fois, les rencontres m'ont aidé.

Une des filles qui travaillaient au service de presse de Drouot avait fait la connaissance de Michael Kruger. Kruger était un homme d'affaires riche et influant, une sorte de Bernard Tapie australien. C'était un type particulier, plutôt élégant et volontaire. Il avait un visage taillé au couteau, des manières franches, une façon très particulière de se présenter, de discuter avec les personnes qu'il rencontrait pour la première fois. En une poignée de main, on sentait tout de suite à quel genre de personnage on avait affaire. Il y a des gens comme ça : en à peine quelques secondes, tout est dit. Quoi qu'il en soit, Kruger avait l'argent, des connexions et surtout l'envie de faire une grande exposition Napoléon en Australie. Le plus naturellement du monde, j'ai été présenté à Kruger. Le courant est tout de suite passé entre nous deux. Nous nous étions reconnus, tous deux mandatés chacun de notre côté par une puissance inconnue, poursuivant la même mission. Nous avions un but commun et il s'agissait maintenant de le faire exister. Je ne pourrais vivre que pour des moments comme celui-ci.

Ensemble, nous avons donc commencé à mettre tout ça sur pied. L'idée était d'amener Napoléon à l'autre bout du monde. On débuterait par Melbourne, capitale de l'État du Victoria, plus de quatre millions d'habitants et deuxième ville d'Australie, puis on irait à Sydney, la colossale, la fameuse, ville la plus peuplée de tout le continent océanien.

Gaiement et plein d'entrain, nous avons signé un protocole. C'est un peu comme un arrangement qui protège toutes les parties. Car on n'organise pas ce genre de manifestations à l'autre bout du monde – qu'on ne fait pas réellement pour l'argent – à la va-vite. Les transports, les assurances, toutes ces contraintes techniques si particulières se monnayent très cher, et c'est bien normal tant le travail est sensible et doit être réalisé sans la moindre erreur. Imaginez un peu : la moindre chute, la moindre négligence peut s'avérer dramatique quand il s'agit d'objets comme ceux-là. Leur valeur est inestimable puisqu'ils sont tout simplement irremplaçables. On travaille alors nécessairement avec des conditions de sécurité draconiennes. Rien n'est pris à la légère. Vous me demanderez alors pourquoi, si je ne gagne pas d'argent, m'imposer un stress et un risque comme celui-là. La réponse, je suis sûr que vous la connaissez. Certes, je découvre comme ça des pays, des villes, mais surtout, en plus de mes petits voyages qui ne sont définitivement pas des vacances, je fais vivre le souvenir de Napoléon à travers le monde, chez des gens qui nécessairement le connaissent moins bien que nous en France. Je leur apporte un petit aperçu de notre patrimoine. Ça fait rayonner notre histoire, notre culture, nos racines. Et je suis très fier de ça. Oui, je suis fier de mon pays. Je suis fier de son patrimoine. Oui, je pense qu'il faut le faire rayonner pour qu'il ne disparaisse pas entièrement. Lorsqu'on choisit un métier comme le mien, on accepte cette mission. Ce n'est pas négociable. Alors, bien sûr que j'ai peur parfois pour mes objets. J'ai peur qu'ils se cassent, qu'ils se perdent mais je fais ce que j'ai à faire.

Michael Kruger s'est occupé de tout organiser. Il finançait mon voyage et celui des objets que nous allions présenter. À l'exception du contrat de mariage de Napoléon et Joséphine qui appartenait à Forbes à l'époque, toutes les pièces présentées en Australie venaient de ma collection. Des années s'étaient écoulées depuis l'achat de ma première lettre, depuis mes seize ans et la vente de ma Vespa rouge. La collection commençait à avoir une vraie importance, une cohérence aussi.

Imaginez seulement le voyage ! Tout avait été envoyé en avion à l'aller avec des précautions considérables car, je le répète, ce n'est pas une simple question d'argent : une pièce endommagée et c'est la disparition d'un objet, comme une petite partie d'Histoire qui brûlerait. Ma collection allait traverser le monde. Alors oui, j'avais peur pour elle. Pour l'anecdote, j'ai voyagé moi-même avec le chapeau de

Napoléon et une petite tabatière qui lui avait appartenu ! Heureusement, grâce au professionnalisme de toutes les personnes impliquées, tous mes objets sont arrivés sans encombre jusqu'à Melbourne.

Le jour du vernissage, j'étais dans un état que je découvrais. L'attente, l'espoir, mêlés au stress. Et des nouveaux questionnements m'habitaient. Est-ce qu'il y aura du monde ? Est-ce que les visiteurs vont aimer ce qu'ils s'apprêtent à voir ? Vont-ils en retenir, en tirer quelque chose ?

J'avais réussi à obtenir, pour le catalogue de l'exposition, une préface de Jean Tulard, un des plus grands spécialistes français de Napoléon et de toute l'époque napoléonienne. Cet homme est une référence, un historien extrêmement prolixe et respecté. J'étais tellement fier, du haut de mes vingt-neuf ans.

Je me revois, dans mon blazer bleu marine, à faire les cent pas dans les salles d'exposition, vérifiant le moindre détail, revenant vers une vitrine deux, trois, cinq, dix fois pour vérifier que tout est absolument parfait. C'est un peu comme planifier un mariage. On présente au monde ce qui nous tient le plus à cœur, ce que l'on aime le plus. On ne pense plus à soi, mais à ses invités. On espère qu'ils vont être aussi heureux que nous, que tout va bien se passer, qu'il n'y aura pas de drames ou d'imprévus. Alors, bien entendu, on est angoissé, mais on n'échangerait sa place pour rien au monde.

Et pour une première fois, on peut dire que j'ai eu une chance insolente. L'exposition pour moi a été globalement une réussite. Nous avons eu au moins quinze mille visiteurs. Quinze mille visiteurs qui ont longuement observé ces objets que j'avais mis presque quinze ans à réunir, ces objets que j'avais débusqués aux quatre coins de la France, dans les salles des ventes, chez des particuliers aussi, comme quinze ans d'enquête que j'avais menée sans relâche, sans ne serait-ce qu'une seule fois reprendre mon souffle.

Mais je n'étais pas la force décisionnaire de toute cette aventure. Et, malheureusement, aux yeux de M. Kruger, ce n'était pas suffisant. Il avait perdu de l'argent – ces expositions sont un gouffre. Et même si Kruger était content du résultat, il ne pouvait pas se permettre de perdre encore plus. Il a donc décidé d'écourter l'expérience et, après Melbourne, nous ne sommes pas allés à Sydney.

La fréquentation relative mais tout de même honorable de l'exposition est liée selon moi au lieu qui avait été choisi. C'était un endroit reculé, éloigné de tout, bref pas du tout l'idéal quand on s'adresse à un publique large et pas nécessairement spécialiste de l'époque napoléonienne. Je suis sûr que l'on aurait fait franchement mieux si l'on avait pu avoir un centre commercial ou une salle reconnue. Là, c'était trop compliqué pour les visiteurs.

J'ai bien retenu la leçon et maintenant, je porte une attention toute particulière au choix des lieux d'exposition. Je ne parle pas nécessairement d'un musée ou d'une galerie. Je pense au contraire qu'il faut investir des endroits comme les centres commerciaux. Certains vous diront que la culture n'a rien à faire là-bas. Je ne suis vraiment pas de cet avis. Je crois qu'il faut apporter le patrimoine à tous. L'inverse serait un snobisme. Je n'ai aucun problème par exemple à faire visiter le Palais Vivienne le dimanche à qui voudra participer. Je n'ai rien contre le divertissement populaire non plus. Pour aller plus loin, je suis même très opposé à l'idée que la culture est le domaine des élites. Je suis à peu près certain que si l'Histoire était accessible au plus grand nombre, le monde se porterait bien mieux. Le problème, justement aujourd'hui, c'est que l'art, la culture, le patrimoine se trouvent entre les mains d'une élite, de quelques personnes déconnectées de la réalité et qu'elles en font absolument ce qu'elles veulent. La plupart du temps, elles s'en foutent. Elles veulent juste posséder pour asseoir leur pouvoir. Rares sont ceux qui veulent partager leur savoir, offrir au monde, offrir aux autres. Je pense qu'il faudrait repenser le système dans son intégralité. Sinon, notre patrimoine, notre culture risquent de disparaître, aussi simplement que ça. Nous ne pouvons pas laisser ça arriver. Nous ne pouvons pas laisser passer. Je me battrai jusqu'à la fin pour que ma collection appartienne à tous. Je n'ai jamais été aidé par l'État pourtant. Rien, pas une subvention, pas un coup de pouce. Rien d'autre qu'un contrôle fiscal ! Mais peu m'importe. Je ne fais pas ça pour les politiques qui nous gouvernent, pour les types en cravate à l'abri de leurs bureaux, loin, si loin de la vraie vie. Je monterai ma fondation pour que la collection perdure, qu'elle soit protégée, accessible, visible par le plus grand nombre.

Pour en revenir à l'expérience australienne, je dirais que, même si l'aventure a été plus brève que prévue, j'ai pu prendre la mesure de la notoriété de Napoléon à l'étranger, à travers le monde entier. Aussi loin de Malmaison qu'à Melbourne, les gens se passionnent pour ce personnage si atypique, si unique et hors du commun. Il faut que cela continue !

J'en ai profité pour mettre en pratique les quelques trucs et astuces que j'avais appris grâce à ma médiatisation naissante en France. En Australie aussi, j'ai su être à l'aise avec les caméras ou les photos. Le public a besoin de pouvoir identifier clairement quelqu'un pour se reconnaître dans une démarche. Eh bien, pas de problème, s'il fallait parler à la télévision australienne, je le faisais avec joie et même avec plaisir ! J'y ai appris à faire le *show* à l'anglo-saxonne, à capter tout de suite son audience. En France, on est habitués à plus de lenteur, comme au cinéma par exemple. Les anglo-saxons, eux, sont des showman. J'aime leurs manières décomplexées, cet humour et ce professionnalisme. Les anglais, les américains, les australiens sont les rois du divertissement. Ils arrivent à passionner leur audience quoi qu'il arrive. C'est vraiment quelque chose qui nous manque.

Pour moi, l'exposition de Melbourne a été une réussite sur toute la ligne. Je n'ai pas gagné d'argent, mais je suis sorti grandi de cette expérience humaine. J'ai pu montrer mes pièces à des personnes qui n'auront peut-être jamais la chance de venir en France. Je leur ai livré un petit aperçu de notre patrimoine. Ça oui, j'en suis très fier.

Je ne suis pas un collectionneur secret. Je ne suis pas marchand non plus. Ce qui m'importe, c'est que des objets puissent être sauvés, qu'ils puissent être vus aussi, que d'une certaine manière, ils continuent à vivre. J'adore mon métier pour ça. Je ne pourrais pas me contenter d'acheter et de revendre. Avoir une boutique, même si je n'ai absolument rien contre, ce n'est vraiment pas mon objectif. C'est pour ça que j'ai tant aimé, que j'aime tant encore aujourd'hui, monter des expositions sur l'Empereur. En France ou à travers le monde ! « Impossible n'est pas français », disait l'Empereur.

Nous avons la chance d'avoir une histoire riche et insolite. Notre patrimoine est considérable. Il est absolument unique. Il faut en être fier ! Ne pas avoir honte de le crier sur tous les toits ! Notre mission, c'est de protéger ces trésors, de les conserver en France mais aussi de les rendre visibles au plus grand nombre, à travers le monde. L'Histoire n'est pas réservée aux universitaires ou aux personnes fortunées. L'Histoire, c'est celle des peuples. Ces trésors doivent vivre le plus possible. C'est pour ça que je me suis donné comme objectif de créer une fondation et de léguer toute ma collection à la France.

Parfois, pourtant, ce combat de chaque instant semble vain. Les pouvoirs politiques ont l'air de s'en foutre. Alors, on se sent seul avec son combat. Mais j'y reviendrai.

Sainte-Hélène

J'ai adoré voyager pour montrer mes objets mais je ne suis pas un fanatique du voyage. De manière générale, dans ma passion pour Napoléon, je m'attache bien plus aux objets qu'aux endroits. Toutes ces traces, ces petits et ces grands témoignages de la vie de l'Empereur me fascinent et me touchent d'une manière extrêmement nette. Certaines personnes sont bouleversées par les paysages, les forêts ou les précipices. Ils aiment les pierres, les bâtisses où ont vécu telle ou telle personnalité. Moi, ce n'est vraiment pas ma priorité.

Un voyage m'a bouleversé pourtant. Il m'a bouleversé à un tel point que je l'ai fait trois fois. Et croyez-moi, ce ne seront pas les dernières, car je sais qu'avant ma mort, je retournerai à Sainte-Hélène.

Sainte-Hélène est une petite île de 122 km^2 perdue en plein milieu de l'océan Atlantique. Elle n'est pas franchement connue pour Jamestown sa capitale, pour ses quatre mille habitants ou ses roches volcaniques. Non, si tout le monde connaît Sainte-Hélène, c'est bien sûr parce que Napoléon 1er y a connu l'exil en 1815 puis la mort six ans plus tard, le 5 mai 1821.

Après les Cent-Jours, Napoléon fut déporté par les Britanniques sur une de leurs îles : Sainte-Hélène. Avec lui, la population de la petite île augmenta considérablement : il y avait la modeste colonie française qui vivait dans l'entourage de Napoléon, mais surtout 1 500 soldats anglais, 800 militaires de la Compagnie des Indes, 500 marins de la flottille de guerre auxquels s'ajoutaient encore quelques officiels du gouvernement britannique accompagnés de leur famille. Tout ce monde pour un seul homme !

Napoléon vécu là pendant un peu moins de six années, si loin du monde. À sa mort, sir Hudson Lowe, le gouverneur de Sainte-Hélène, qui avait pourtant été en conflit permanent avec Napoléon pendant sa captivité déclara aux personnes présentes : « Eh bien, messieurs, c'était le plus grand ennemi de l'Angleterre et le mien aussi ; mais je lui pardonne tout. À la mort d'un si grand homme, on ne doit éprouver qu'une profonde douleur et de profonds regrets. »

Le corps de Napoléon fut inhumé le 9 mai. Les colonies quittèrent l'île. L'habitation de Longwood qui abritait l'Empereur fut vendue à un fermier qui y installa… une ferme !

Dix-neuf ans après la mort de Napoléon, le roi Louis-Philippe réussit à obtenir du Royaume-Uni la restitution des cendres de l'Empereur et c'est grâce à cela qu'elles demeurent aujourd'hui aux Invalides à Paris.

Puis, l'empereur Napoléon III parvint à négocier le rachat de Longwood avec le gouvernement britannique. Et ainsi, en 1858, Longwood House et la vallée du Tombeau à Sainte-Hélène devinrent propriétés françaises sous le nom de « domaines français de Sainte-Hélène » et gérées depuis par le ministère des Affaires étrangères.

Mon premier voyage à Sainte-Hélène a eu lieu en 1997. C'était, à l'époque, toute une affaire. J'ai d'abord dû prendre un avion jusqu'à Amsterdam. Là, après une correspondance interminable, un avion encore, direction Cape Town en Afrique du Sud. Vingt heures de vol plus tard, vous débarquez dans ce pays incroyable qu'est l'Afrique du Sud. En attendant le bateau de liaison pour l'île de Sainte-Hélène, j'ai dû rester trois jours à Cape Town. J'adore cet endroit. Les filles sont belles, les garçons sont beaux. On bouffe divinement bien. Et à chaque fois que j'y retourne, mon sentiment est le même.

Mais je n'étais pas là pour profiter des joies du tourisme en Afrique du Sud. Donc, trois jours plus tard, me voilà embarquant sur un petit cargo en direction de la fameuse île. Là, vous signez pour cinq jours complets de pleine mer.

Comme sur tous les bateaux, il n'y a pas grand-chose à faire. On se promène un peu sur le pont, on bouquine dans sa cabine, mais surtout, on mange. C'est étrange pourtant, on a beau boulotter toute la journée pour combler l'ennui de la traversée, on perd quand même du poids !

Aux derniers moments de la traversée, les membres de l'équipage sont venus me réveiller. Il devait être 5 ou 6 heures du matin. Je suis sorti de ma cabine. Le jour se levait à peine. À l'horizon, on la voyait, la majestueuse, la terrifiante Sainte-Hélène. Quelle chance j'avais ! Apercevoir cette île exactement comme Napoléon l'avait découverte près de deux cents ans plus tôt. Une vision que peu de personnes ont eu la chance de partager. J'y repense souvent et je sais à quel point ce que j'ai pu ressentir ce jour-là est absolument hors du commun. Imaginez un peu : vous êtes sur ce bateau depuis cinq jours, le soleil peine à émerger dans le ciel. Il y a le vent, la mer, les larges vagues. On se sent tout à fait à la frontière du monde, comme si on en atteignait les limites après tant d'heures, tant de jours de voyage. Le sommeil vous a à peine quitté – vous ne comprenez pas très bien où vous êtes, ce que vous êtes en train de faire. Et là, tout au bout, tout au loin, vous l'apercevez enfin : l'île de la mort de l'Empereur, sa dernière demeure, sa prison.

C'est une émotion extrêmement forte. Je voyageais à ce moment-là avec une de mes plus vieilles amies. J'étais heureux d'être si bien accompagné car avec les amis de toujours on peut se comporter parfois comme si l'on était seul. Il n'y a pas besoin de parler, de jouer à ce petit jeu des mondanités et des discussions creuses. Là, on se contentait de vivre le moment, de le ressentir pleinement, sans dire un mot. Ils sont rares les amis avec qui l'on peut se permettre de faire une chose pareille. On les compte rarement plus que sur les doigts d'une main, et ceux qui prétendront le contraire mentent ouvertement.

Le vent soufflait toujours autant. Nous restions là, debout, sur le pont, penchés au bastingage. Sainte-Hélène se rapprochait. Nous allions accoster ! Je pensais à ce que Napoléon avait pu ressentir quand il avait vu l'île au loin. Il savait que ce serait son dernier voyage. D'après ce qu'on raconte, voilà ce qu'il a dit : « Effectivement, ce n'est pas un beau séjour. » Non ça n'allait pas être un beau séjour. Après une telle vie, se retrouver là, littéralement devant sa mort prochaine. Mon Dieu, ça devait être quelque chose.

Nous sommes arrivés à Jamestown. Il n'y a pas de port, c'est plutôt comme une mince crevasse. Des petites embarcations viennent pour vous permettre de rejoindre la terre ferme. On monte à la corde jusque sur le sol. À part la douane, il n'y a rien ! Rassurez-vous, des douanes, il y en a toujours !

En tout et pour tout, l'île ne compte que deux petits hôtels : Le Consulat et le Wellington. Ce sont deux auberges bien simples. Hors de prix pourtant. Tout est très très cher à Sainte-Hélène. Imaginez que chaque denrée est importée. C'est vraiment le bout du monde, et cette fois-ci, ce n'est pas une façon de parler ! À Jamestown, en plus des hôtels, il n'y a qu'un seul pub et trois petits restaurants qui se battent en duel. Bref, il n'y a pas vraiment d'autre chose à faire que le recueillement, au moins une semaine complète, car il faut attendre la prochaine liaison par bateau.

Mais c'est là que, pour moi, ce voyage que j'attendais depuis si longtemps, depuis tant d'années, a pris tout son sens. Il n'y avait rien d'autre à faire justement que ce que Napoléon avait pu faire. On se sent forcément proche de son âme dans des conditions comme celles-ci. C'est comme une communion, une ultime déclaration. On ne fait pas ce genre de voyage par simple curiosité. C'est un engagement, une procession, comme certains font des pèlerinages, à la Mecque ou à Compostelle.

Les routes sont étroites, à flanc de falaises. Beaucoup d'Anglais d'ailleurs y sont morts en faisant leurs rondes. Napoléon disait dans ces cas-là qu'il faisait encore des morts chez les Anglais !

On emprunte ces routes donc, et on arrive, soulagé, à Longwood. Prenez-moi pour un fou, mais je suis persuadé que l'âme de l'Empereur est restée là-bas. J'ai senti sa présence. Dans l'enclos de Sainte-Hélène, j'ai eu cette impression très nette que quelque chose rentrait en moi, et quand je suis reparti, quelque chose est reparti de moi. Napoléon est là-bas. Je le sais. C'est hallucinant comme je l'ai ressenti. Je crois aux âmes. Et celle de Napoléon est à Sainte-Hélène, pas aux Invalides. Il y a vécu six ans et demi – c'est l'endroit où il est resté le plus longtemps. Pour moi, sa présence ne fait aucun doute. C'est aussi pour ça que je suis allé trois fois à Sainte-Hélène et que je sais comme une certitude absolue que j'y retournerai. À chaque fois, je le rencontre, je le sens d'une manière que je ne pourrais pas décrire. Oui, parfois les mots ne suffisent pas. C'était quelque chose au-delà de l'organique. Au-delà de la raison et des corps. Vraiment, nos esprits ont communié. À la seconde où je suis arrivé à Longwood, je l'ai ressenti comme une évidence. Napoléon est là. Son esprit demeure, son âme habite encore la maison de Longwood. Il y a rendu son dernier souffle mais son esprit demeure.

Le testament

Le testament de Napoléon rédigé quelques jours avant sa mort se trouve aujourd'hui aux Archives nationales. C'est un document inestimable. Napoléon, sentant sa fin approcher à Sainte-Hélène, avait mandaté le maréchal Bertrand pour l'écrire.

Mais saviez-vous qu'il existe un autre testament de Napoléon, rédigé quelques années plus tôt, et que j'en suis l'heureux propriétaire ! Cette pièce est peut-être celle dont je suis le plus fier. Elle a évidemment un caractère unique, précieux et historique, mais j'y suis aussi attaché pour la manière surprenante avec laquelle elle s'est retrouvée en ma possession.

Nous étions à la fin de l'année 1995, période noire à Paris à cause des manifestations qui faisaient rage contre le plan Jupé concernant la Sécu et les retraites. La capitale était paralysée, un peu comme en cette fin de 2019.

Puisque je ne pouvais pas travailler dans de bonnes conditions, j'ai décidé de me rendre à New York, ville que je commençais à bien connaître, pour voir mon fidèle ami Roger Prigent.

À l'époque, la célébrissime salle des ventes Christie's se trouvait encore sur Park Avenue. Il y avait une vente à ne pas rater, la vente Sinatra regroupant bon nombre d'objets du chanteur. Roger ne pouvant pas m'accompagner, j'y suis allé par curiosité. Je ne pensais rien acheter, mais j'étais curieux.

Je me suis promené au milieu de la vente. Et là, alors que je feuilletais des catalogues d'autres ventes de Christie's à travers le monde, je suis tombé dessus. Une lettre manuscrite de Napoléon, en vente à Londres le lendemain. Elle était estimée entre 8 000 et 12 000 francs. C'était une lettre en apparence plutôt quelconque, du moins était-elle présentée ainsi dans le catalogue du Christie's de Londres.

En regardant de plus près, j'ai réalisé que cette simple lettre n'était justement pas une lettre comme les autres. Vous l'aurez compris, c'était le fameux testament de l'Empereur !

Je n'ai pas réfléchi bien longtemps. Je n'avais pas l'argent sur mon compte en banque mais je pouvais toujours casser le crédit de mes études. Mon sang n'a fait qu'un tour !

Le lendemain, grâce au numéro de client de Roger (je n'en avais pas à mon nom), j'ai donné l'ordre d'achat par téléphone. Et là, joie, j'ai remporté l'enchère à l'estimation basse.

Je suis rentré à Paris, j'ai cassé mon prêt, et Christie's m'a fait livrer le testament chez moi. J'ai dû arrêter mes études, ne pouvant plus les financer, mais j'ai probablement réalisé là le plus gros coup de ma vie.

Pour l'histoire, quand Napoléon avait demandé au maréchal Bertrand d'écrire le second testament, il lui avait remis le premier. Le maréchal avait gardé la lettre comme un souvenir et, des années plus tard, la famille l'avait vendue à un brocanteur. Les Archives nationales n'ayant pas voulu la lui racheter, ce brocanteur avait tenté sa chance chez Christie's, et voilà, je l'avais achetée !

J'avais vingt-cinq ans à cette époque et je dois dire que, de toute ma carrière de collectionneur, c'est encore aujourd'hui le fait d'armes dont je suis le plus fier.

Carpe diem

Bien sûr, je n'ai pas connu une chose aussi dure que l'exil de Napoléon à Sainte-Hélène, mais je dois dire qu'à un moment j'ai cru que ma fin arrivait.

Il y a dix ans, j'ai été diagnostiqué d'un cancer. C'était l'été 2009. Tous mes amis étaient en vacances. J'étais seul à Paris et j'apprenais cette nouvelle terrible.

Un cancer, je croyais qu'on ne s'en remettait pas. Le mot même sonnait comme une condamnation et je ne crois pas m'être jamais senti aussi seul. Il y avait un tel décalage entre ce soleil qui chauffait les trottoirs parisiens et la nouvelle glaciale que je venais d'apprendre. Je ne savais pas comment m'y prendre, par quoi commencer, comment faire face à une révélation de ce genre, qui prévenir ou non. J'étais absolument perdu, seul, en plein été, à Paris. Je ne souhaite à personne de vivre un moment pareil.

Et puis, comme il faudrait toujours le faire dans ces moments-là, j'ai calmement regardé en arrière. J'avais quarante ans. J'avais réalisé une bonne partie de mes rêves : ma collection était importante, j'avais réussi à monter des expositions à travers le monde, aussi bien en Australie qu'aux États-Unis. Envers et contre tout, j'avais réussi, à la seule force de mon travail et de mon engagement, à vivre de ma passion, à vivre grâce au souvenir de Napoléon. Ce n'est pas tant que j'étais fier, mais plutôt que je réalisais d'un coup que, professionnellement, j'avais réussi à faire exactement ce que j'avais toujours désiré. J'avais eu cette chance inouïe – ils sont peu nombreux ceux qui vivent ainsi grâce à ce qu'ils aiment le plus au monde. Moi, j'avais réussi à devenir collectionneur, administrateur de souvenirs napoléoniens.

Et puis, j'ai regardé au-delà de mon travail, je veux dire ce que j'avais vécu en dehors de ma collection. J'ai revu tous ces hommes, toutes ces femmes que j'avais aimés. Il y avait Charles, bien sûr, en première position. Charles a toujours occupé la première place dans mon cœur. Il l'occupera toujours. Mais je me souvenais aussi de ces amitiés, de ces amours. J'avais pu aimer les plus beaux mecs, les plus belles filles. Je les avais tenus dans mes bras, je les avais embrassés. J'avais rencontré des personnalités hors du commun, des types incroyables, comme Roger Prigent ou François Pinault. Mieux, ils m'avaient fait confiance alors que je ne venais de rien. J'avais eu une mère qui m'avait aimé de tout son cœur, un père qui avait été proche comme un ami, comme un confident, une sœur qui m'avait toujours soutenu.

Je n'avais jamais eu d'argent à proprement parler, mais j'en avais toujours trouvé pour m'offrir des objets fabuleux. J'avais voyagé aussi, aux quatre coins de la planète. J'avais ri, fait la fête, fait l'amour. J'avais mangé dans les meilleurs restaurants, j'avais bu les meilleurs vins.

J'ai vu tout ça et, calmement, j'ai réalisé que j'avais été incroyablement chanceux, que la vie m'avait fait ce cadeau pendant quarante ans, quarante années de passion intense. Et je me souviens très bien, cet été 2009, seul chez moi, dans mon appartement de la rue de Rivoli à Paris, avoir accepté très sereinement la mort si elle venait frapper à ma porte.

Mais je me suis accroché. Oui, j'ai tendance à en vouloir toujours plus – depuis que je suis môme, c'est mon moteur, je ne suis jamais pleinement satisfait de ce que j'ai. Jamais je n'aurai honte de ce trait de caractère. Au contraire, s'il y a bien une chose dont je suis fier, c'est de ce que certains appellent mon appétit.

Et donc, à ce moment-là, entre les visites à l'hôpital, entre les consultations de médecins, la solitude du mois d'août, la peur aussi, bien sûr, j'étais partagé entre deux sentiments a priori bien différents mais pourtant extrêmement compatibles : l'idée, d'une part, que j'avais déjà eu une chance inouïe d'arriver jusque-là et d'autre part, l'envie justement d'aller encore plus loin, de pousser les limites, de vivre encore, non pas pour me reposer sur mes lauriers, mais pour vivre plus, plus fort et des choses que je ne pouvais pas même soupçonner.

Je me suis accroché. J'ai serré les dents, comme on dit. Je suis entré en guerre contre la maladie. C'est un combat que l'on ne peut que mener seul. Bien sûr, il y a les médecins et les hôpitaux. Je ne les remercierai jamais assez, d'ailleurs. Mais il y a aussi vous et seulement vous face à ce mal qui vous ronge. On retrousse ses manches et on déclare la guerre.

Ça n'a pas été une partie de plaisir. L'odeur des chambres d'hôpital, la peur qui vous attrape le ventre, toutes ces épreuves sont violentes. Il y a la douleur surtout, qui vous attrape le corps et ne vous lâche plus. Les médicaments vous calment mais ils vous font aussi sortir de vous-même. Sans même parler des effets indésirables que l'on imagine aisément, j'avais aussi beaucoup de mal à m'appréhender au-delà des vapeurs de la morphine et des antidouleurs.

Je ne vais pas m'étendre sur toutes ces choses tristes. Mais je sais qu'énormément de personnes vivent ça en ce moment, ou l'ont vécu plus tôt. Je veux simplement leur dire ici que je pense à eux. Aucune maladie ne se ressemble, bien sûr, ce n'est que du cas par cas, mais, d'une certaine manière, je sais ce que c'est, je sais ce que ça fait et je ne souhaite ça à personne.

Heureusement, nous avons en France un système médical des plus performants, des médecins spécialisés, des hommes, des femmes qui consacrent leur vie à soigner celle des autres. Ce n'est pas rien. Peu de personnes peuvent en dire autant. J'ai eu la chance d'être accompagné dans cette épreuve par de véritables professionnels. Ils ont su me rassurer. Ils ont su surtout prendre les bonnes décisions aux bons moments. Poser les diagnostics, prescrire les traitements. Vérifier calmement, avec toute la patience du monde, chaque jour, que tout se passait comme ils l'avaient prévu. Je me suis jeté entre leurs mains. Je leur ai fait confiance et j'ai eu raison. Je ne les remercierai jamais assez. Ils m'ont sauvé la vie.

Comme un miracle, la guérison est arrivée. Quelques années plus tard, on m'a enlevé la rate et depuis, je ne prends plus qu'un seul cachet par jour sans même m'en rendre compte. J'ai laissé cette triste période derrière moi.

J'ai retenu une chose essentielle de cette période. Depuis cet été 2009, j'ai chaque jour le sentiment de vivre un émerveillement. Tout ce qui m'est arrivé depuis dix ans, je le vis comme du rab, comme des cadeaux supplémentaires. Chaque rencontre, chaque dîner, chaque aventure professionnelle ou amoureuse est un moment qui n'aurait pas pu m'arriver si le sort en avait décidé autrement il y a dix ans. Je mesure ma veine chaque jour. Très sincèrement, il n'y a pas un matin où je me lève sans penser que cette nouvelle journée est un don, comme une offrande. La vie est formidable. Nous avons le devoir d'être à sa hauteur.

Le plus incroyable dans cette histoire c'est qu'alors que je croyais que je ne vivrais plus rien, c'est après ma maladie que j'ai vécu les choses les plus passionnantes et surprenantes de mon existence : le Palais Vivienne, la télévision et mon exposition médiatique, la rencontre avec mon public surtout, qui est devenu le moteur le plus puissant de mon existence.

Je regarde en arrière aujourd'hui, dix ans plus tard, au moment où j'écris ces lignes et je comprends que cette épreuve a sans doute été une chance. J'ai pu y puiser ma philosophie, je prends chaque jour comme il vient. « *Carpe diem* », dit-on souvent. Oui, parfaitement !

Plus que jamais, je suis persuadé qu'il faut savoir prendre des risques, profiter des opportunités et se donner aussi les moyens de réaliser ses rêves. François Pinault me disait un jour : « Vous savez, quand on est au sol, on ne peut pas tomber plus bas. » Eh bien, oui, c'est vrai, parfois, on ne peut pas tomber plus bas, mais « Impossible n'est pas français » et il faut se donner les moyens de se relever. Alors, bien sûr, tout le monde ne surmontera malheureusement pas la maladie. Mais il faut toujours garder espoir, ne pas se laisser abattre. L'essentiel c'est d'y croire, encore et toujours.

J'ai été gravement malade il y a dix ans. J'en suis pleinement guéri aujourd'hui. C'est certainement la plus grande épreuve que j'ai vécue pour l'instant. Il y en aura sûrement d'autres. Mais je sais que je me battrai, que je n'ai pas fini de lutter. J'ai foi en l'avenir pour cette raison-là. Que les ennuis arrivent, je les attends. Oh oui, croyez-moi, je saurai les recevoir !

Napoléon a-t-il renoncé quand il était à Sainte-Hélène ? Non, même ruiné, humilié, exilé, coupé de tout ce qu'il connaissait, il est resté fidèle à lui-même. Empereur un jour, empereur toujours.

Mais si j'étais empereur, moi, ça se saurait ! Donc, une fois guéri, j'ai repris mes activités, mais avec un regard neuf. Avec plus d'intensité, avec plus de foi en l'avenir. Je suis fier de m'être battu. Ma collection n'a jamais été aussi vivante et mon image de personnage médiatique aussi forte. Je le dis le plus simplement du monde. Ce n'est pas de la vantardise. Oui, je suis fier d'avoir réalisé mes rêves.

Vos objets ont une histoire

Le samedi 6 septembre 2014, à 17 h 55, a été diffusé le premier enregistrement de « Vos objets ont une histoire ». C'était un concept anglais, produit pour France 2 par BBC Woldwilde France qui produit entre autres des émissions connues de tous comme « Danse avec les stars » sur TF1.

Cette émission a été ma porte d'entrée dans le divertissement à la télévision.

C'était un rendez-vous hebdomadaire. L'idée était bonne. Simple, novatrice, et bonne. La présentatrice, la formidable comédienne Charlotte de Turckheim, parcourait les villes de France, à la rencontre de ses habitants. Ceux qui participaient à l'émission apportaient avec eux un objet chargé d'histoire, comme un témoin du patrimoine qu'ils avaient en leur possession. Tours, Nîmes, Arras, Calais, Paris, etc. Il s'agissait de faire découvrir les trésors cachés des Français. Ce qu'ils gardent dans leurs familles, leurs maisons, à l'abri des granges ou des greniers depuis des générations et des générations. Il s'agissait d'objets mais aussi de rencontres, de portraits et de tranches de vie.

Charlotte était accompagnée par des commissaires-priseurs ou des experts qui devaient évaluer la valeur financière des objets mais aussi raconter leur histoire, les expliquer au public ou révéler certains de leurs secrets. Contrairement à « Affaire conclue », il ne s'agissait pas de vendre ou d'acheter les biens lors de l'émission. L'estimation était une simple indication, comme un barème, permettant de savoir ce que cela représenterait potentiellement à la revente. Les personnes qui venaient devant les caméras n'étaient d'ailleurs souvent pas dans des positions de vendeurs. Elles voulaient simplement montrer leurs trésors ou en savoir un peu plus. Il y avait une vraie dimension humaine, ce qui est de plus en plus rare à la télévision de nos jours. C'était une super émission, un divertissement bien sûr, mais un divertissement où le spectateur en apprenait chaque semaine un peu plus sur l'histoire de France, notre histoire, notre patrimoine, et tout ça grâce à des particuliers, des hommes et des femmes ordinaires.

C'est ce qui me fait aimer l'idée de faire des émissions, à la radio ou à la télévision. J'aime bien faire le clown, ça me plaît de faire rire les gens mais je veux que cela serve un but précis. Je ne suis pas un humoriste, j'ai simplement envie de transmettre ma passion pour l'Histoire et le patrimoine de France. Le rire doit être un vecteur pour moi. Et je ne compte pas déroger à cela.

J'ai donc accepté d'emblée quand la production m'a contacté pour faire partie des experts présents à chaque émission. Le concept me séduisait puisqu'il réunissait mes deux amours : le divertissement et la collection.

On a enregistré une dizaine d'émissions. J'adorais partir comme ça, un week-end complet, à la découverte d'une ville, d'une région, mais surtout c'était la possibilité de rencontrer toutes ces personnes avec l'équipe de tournage. C'était une grosse machinerie qui se déplaçait à chaque fois. Contrairement à une émission enregistrée en studio, il fallait, vous l'imaginez bien, une équipe complète digne d'un plateau de cinéma. L'attention était portée à la beauté des images et nous étions tous très fiers du résultat. Les caméramans, les éclairagistes, les preneurs de son… les techniciens faisaient vraiment un boulot sérieux. Nous tournions en extérieur, dans des décors toujours différents. Mais ça ne les décourageait pas. À chaque fois, l'équipe montait des systèmes élaborés, des travelings, tout un tas de dispositifs plutôt rares à la télévision. Le résultat final était impressionnant !

Malheureusement, les émissions de télévision dépendent de leur succès d'audience. Un peu comme avec les expositions que j'organise. C'est un impondérable. Et cette émission était diffusée au pire moment dans la grille d'antenne : le samedi après-midi. Le samedi après-midi est connu dans le milieu de la télévision pour être une case difficile. Entre les matchs de foot, de rugby ou de tennis, sans cesse, l'émission est décalée, repoussée. Comment alors parvenir à fidéliser les spectateurs ?

« Vos objets ont une histoire » n'a pas été un désastre, mais la chaîne, après quelques mois de diffusion, a décidé que les audiences n'étaient pas assez bonnes et l'émission a été suspendue. Même si ça m'a attristé sur le moment, j'ai vite relativisé. D'abord, ce sont les lois de la télé. Il faut faire de l'audience, et parfois le succès s'estompe aussi vite qu'il est arrivé. C'est un univers à part. Les places sont chères. C'est un business aussi, et face aux coûts énormes de production, il faut assurer une rentabilité certaine pour se maintenir en haut de l'affiche. Donc, c'était le jeu. En plus, je ne consacrais pas ma vie à ça. J'étais certes ravi de le faire mais je n'étais pas animateur et je ne voulais pas le devenir, même si l'émission m'a permis de vraiment façonner mon personnage médiatique pour la première fois. À côté de « Vos objets ont une histoire », j'avais mes objets et mon histoire. Mon ancrage, c'est ma collection, les projets qui lui sont liés, plus que les émissions, même si mon public me connaît surtout pour mes apparitions à la télévision.

C'est encore ma force aujourd'hui. C'est une chance aussi. Je vois ce qu'il se passe, au moment où j'écris, pour ma sœur à Télématin. Les procès, les histoires de contrat. Tout ça génère un stress néfaste. Animateurs, présentateurs, chroniqueurs, tous dépendent des producteurs. Les producteurs ensuite dépendent de la chaîne, du diffuseur. La chaîne, elle, dépend de l'audience, pour les annonceurs. C'est un cercle vicieux. Ça fonctionne comme ça et ça ne changera jamais. C'est une donnée immuable lorsqu'on parle d'émissions de télévision. Ma sœur, aujourd'hui, après quinze années d'antenne, quinze années de bons et loyaux services, semble en payer les frais. Le pire c'est qu'il n'y a pas un seul responsable que l'on peut identifier clairement. Non, c'est tout un système, un rouage, une machine qui se met en marche.

Moi, je suis ravi de pouvoir botter en touche quand ça me chante, comme on dit. C'est un luxe et j'en suis tout à fait conscient. Je ne suis pas dépendant de la télé. Je n'ai jamais abandonné ma collection et je ne l'abandonnerai jamais ! Ah non, ça, il faudrait vraiment me passer sur le corps ! Je ne suis pas un homme violent, mais s'il s'agissait de mon trésor, de l'œuvre de ma vie tout entière, je montrerais les dents.

Ma position d'outsider, à la télévision, en plus de m'enlever un stress, me permet aussi de garder une grande liberté de ton. D'où ma réputation d'électron libre au sein même du paysage audiovisuel. Je dis absolument tout ce que je pense et quand je le pense. Contrairement à beaucoup d'autres (je ne les blâme pas, ils n'ont pas le choix), je ne pratique pas l'autocensure. Je crois au naturel et je lui fais confiance. Je regrette parfois que des blagues, pourtant si bon enfant, soient coupées au montage, mais ça ne va jamais vraiment plus loin. J'ai mon humour, mon franc-parler, après, c'est aux autres de composer avec !

J'aimais ça avec Charlotte de Turckheim, elle avait une manière très franche de s'exprimer, d'être là, tout simplement. C'est sûrement lié au fait que ce n'est pas qu'une femme de télévision.

Charlotte a commencé comme humoriste. Son premier spectacle, un one woman show a été écrit et produit en 1979 par Coluche en personne. Quand même ! C'est aussi lui qui lui a offert son premier grand rôle au cinéma, dans *Le Maître d'école,* de Claude Berri. On l'a adorée dans *Les Sous-doués en vacances, Chouans !* ou encore *Mon père, ma mère, mes frères et mes sœurs...* qu'elle a elle-même réalisé en 1999. Bref, elle a de nombreuses casquettes : actrice, humoriste, scénariste et réalisatrice. Ça lui a donné de la distance vis-à-vis de sa carrière d'animatrice. C'est une femme libre. J'ai énormément appris grâce à elle sur le monde du spectacle et du divertissement. C'est Charlotte qui m'a montré la première que l'on pouvait travailler à la télévision sans en dépendre pleinement. Qu'il s'agissait de faire ce que l'on aimait sans se poser d'autres questions. Et, si une émission était déprogrammée, ce n'était pas la fin du monde, mais au contraire, le début d'une nouvelle aventure. Et c'était vrai, pour moi, une nouvelle aventure allait commencer.

Quand l'affaire n'était pas encore conclue

Il y a trois ans, j'ai reçu un coup de téléphone qui a changé ma vie. C'était Jean-Louis Blot. Jean-Louis est à la tête de Warner Bros France. Il est passé par BBC Worldwide, il a travaillé avec Antoine de Caunes ou encore Nagui. C'est un excellent producteur. Chez Warner, il s'occupe d'importer en France les meilleurs concepts anglo-saxons, de les adapter à nos antennes. Ainsi, « Danse avec les stars », par exemple, est diffusée en France en une seule partie le samedi chez nous, quand en Angleterre l'émission se déroule en deux parties, une première moitié le samedi et une seconde le dimanche.

Donc, il y a quatre ans, Jean-Louis m'a appelé pour me proposer une idée d'émission. C'était ce qu'allait devenir « Affaire conclue ». Il m'a expliqué le concept qui cartonnait en Allemagne.

Des invités en possession d'un objet à part se présentent à différents acheteurs (collectionneurs, marchands, antiquaires) pour le leur vendre selon le principe des enchères.

Même si j'étais franchement emballé par le concept, n'étant pas marchand, je doutais de ma légitimité à faire partie des acheteurs intervenants. Je suis collectionneur, je ne fais pas commerce des objets que j'achète. Entendons-nous, je n'ai rien contre ceux qui font ce métier, mais ce n'est simplement pas le mien. Bien sûr, il m'est arrivé de vendre des objets, mais ça n'a jamais été le but. Étant collectionneur, je fais justement tout, au contraire, pour conserver les objets et enrichir ma collection plutôt que mon compte en banque.

De plus, je ne m'estime spécialiste que des objets liés à Napoléon 1er, le mobilier Empire par exemple, et donc je ne me sentais pas à la hauteur de pouvoir estimer n'importe quel objet apporté par les invités. Un pied de table 70, un jukebox ou un tableau début de siècle – allai-je pouvoir en estimer la valeur marchande ?

Jean-Louis a su me rassurer. Il y aurait aussi un commissaire-priseur dont le rôle serait d'estimer la valeur des objets avant de les soumettre à la vente auprès des acheteurs. Le jeu était là justement. Et puis, pour les acheteurs, il n'y avait aucune obligation d'acheter. Nous serions tout à fait libres de nos mouvements, et si un objet ne nous plaisait pas, nous ne serions pas tenus de l'acquérir ou même d'enchérir.

Au départ, l'émission devait être présentée par Stéphane Bern. Je trouvais ce choix logique. Stéphane est le présentateur de France Télévisions le plus traditionnellement lié à ce genre de concepts, autour de l'Histoire ou du patrimoine. En plus de ça, j'ai toujours entretenu de bons rapports avec lui. Je connais Stéphane depuis une bonne vingtaine d'années, alors qu'il était encore pigiste au *Figaro*, comme ma sœur Isabelle. À chaque fois qu'il a présenté une émission touchant de près ou de loin à Napoléon, il m'a invité. Et donc, la perspective que Stéphane présente cette émission dans laquelle j'allais peut-être intervenir me convenait plutôt bien. C'était non seulement une suite logique mais aussi la certitude, pour moi, de travailler avec quelqu'un que je connais, que j'apprécie. C'est de bon augure en général.

Nous avons donc tourné ce que l'on appelle un pilote, comme une émission test, un premier numéro pour se rendre compte du résultat. Dans les studios de La Plaine-Saint-Denis, je sentais que la chaîne y croyait moyennement. Ils étaient là mais ils n'avaient pas l'air spécialement emballés. Stéphane voulait à ce moment-là présenter une émission sur les animaux et je sentais que lui aussi n'était pas vraiment à fond avec le concept d'« Affaire conclue ».

C'était triste, ce manque d'entrain. Je comprends, quelque part, qu'on ne peut pas être toujours enthousiaste. Mais j'étais déçu quand même. Moi, j'aime les passionnés, les gens qui croquent la vie à pleines dents. Tous mes amis sont ainsi, des personnes entières, toujours partantes. Des passionnés de la première heure. Je ne sais pas bien comment me comporter quand les gens se découragent. Je ne suis pas habitué à devoir les motiver. Je préfère quand ça va vite. Quand je me sens emporté par la motivation des autres plutôt que devoir les embarquer avec moi. C'est comme ça, je ne vais pas changer à presque cinquante ans ! Enfant déjà, je choisissais mes camarades en fonction de leur entrain. Et, tout au long de ma carrière de collectionneur, je n'ai jamais travaillé qu'avec des mordus, des fous de Napoléon ! J'aime les maniaques, ceux que l'on peut croire fous. Parce qu'ils sont fous de leur passion, voyons ! Quel est le problème ? Donc, j'aime les gens extrêmes. Les amoureux, les orateurs, les fanatiques et les férus.

Malheureusement, parfois, certaines réunions, certains moments restent plats, ordinaires, dirais-je. L'excitation et l'entrain ne sont pas au rendez-vous. Et c'était un peu le cas lors de ce premier enregistrement. Puisque les personnes les plus haut placées y croyaient moyennement, nous n'osions non plus vraiment y croire.

Le pilote a donc naturellement été un peu décevant, et puis Sophie Davant est arrivée !

Affaire conclue !

Sophie Davant, vous la connaissez tous. À peine âgée de vingt-trois ans, en 1987, elle présente son premier bulletin météo sur Antenne 2 dans la cultissime émission « Télématin », poste qu'elle occupera jusqu'en 2006. Et, pendant tout ce temps-là, l'énorme bosseuse qu'elle est ne s'est pas contentée de la météo le matin. Repérée grâce à ses indéniables qualités de présentatrice, c'est Sophie qui a animé « Fort Boyard » avec Patrice Laffont. Elle est aussi le visage du Téléthon depuis 1997, aux côtés de Patrice Laffont encore, mais aussi Patrick Chêne, Gérard Holtz, Nagui, Laurent Boyer ou encore Dave. Rien que ça !

Sophie est une femme extrêmement dynamique, avec de l'énergie à revendre. On ne peut pas rester insensible à son entrain. C'est pour cela, en plus de son professionnalisme, qu'elle est tant aimée des Français.

Passer à la télévision vous rapproche des gens d'une façon incroyable. Sophie connaît bien cela. On rentre en quelque sorte directement chez eux grâce à l'écran. Un peu comme si l'on partageait ce moment avec eux. Combien sont-ils, par exemple, à déjeuner avec Jean-Pierre Pernaut ou à dîner avec Anne-Sophie Lapix ?

J'ai toujours aimé l'idée des émissions de divertissement pour ces raisons précises. Aujourd'hui, les vies sont dures. De plus en plus, les rapports sont déshumanisés, froids et faussés. Le monde moderne est particulièrement violent pour ça. Entre le métro et les bureaux, entre les heures passées dans les embouteillages ou la violence d'un monde compétitif, les gens se retrouvent de plus en plus seuls, de plus en plus isolés. Il n'y a que très peu de fenêtres de respiration. Donc si je peux sincèrement donner un peu de réconfort à mes téléspectateurs quelques minutes par jour, je le fais. C'est une mission supplémentaire. Bien sûr, je me sens investi d'une mission avec ma collection, je l'ai dit, mais dans l'idée de la donner au patrimoine français plus tard, quand je disparaîtrai. Et puis, même s'ils ont parfois une valeur inestimable, cela reste des objets. La télévision me permet d'apporter un peu d'humanité et de chaleur, des rires pourquoi pas, des moments légers et sympathiques en tout cas, à des enfants, à des retraités, à des personnes isolées ou à des familles entières.

Et, je ne veux pas parler à la place de Sophie, mais je sais qu'elle se sent elle-même investie par cette mission.

Elle aime son public. Elle aime lui donner à vivre des moments agréables et divertissants grâce à la caméra. On a tous besoin de sortir de notre grisaille, de s'évader un peu, loin de nos problèmes, de notre travail. Eh bien, Sophie est de celles qui rendent ça possible.

J'avais déjà fait de la télévision avant « Affaire conclue ». J'avais quelques automatismes, un peu de technique. C'est un métier. J'avais aussi des dispositions, une envie de faire du spectacle, de faire rire les gens. Mais Sophie m'a permis de m'ouvrir encore plus, elle m'a appris à être meilleur.

Aujourd'hui, nous vivons cette aventure humaine ensemble.

No dance

L'émission a commencé gentiment. Je crois que les spectateurs ont aimé le format, le concept mais aussi la spontanéité des invités, des acheteurs et des experts. Car, même si Sophie mène la barque, elle n'est pas seule dans la danse. La chorégraphie est bien huilée. C'est un savant dosage : une pointe d'humour, une pincée de savoir, une dose d'aventure humaine et tout ça mélangé à l'histoire de vos objets.

Et je pense que c'est ce mélange d'Histoire, de surprise, de découverte et de bienveillance qui fait que la recette fonctionne, que la sauce prend. On ne casse pas du sucre sur le dos des gens comme dans d'autres émissions. Ici, pas de voyeurisme. Ce n'est pas de la téléréalité. Je suis sûr que les spectateurs en ont leur claque de voir toujours les mêmes programmes. Depuis le « Loft », depuis la « Star Academy », quoi de nouveau ? On répète les schémas. Enfermer une bande de jeunes dans une maison, en banlieue ou à Las

Vegas, et après ? Je n'ai rien contre les personnes qui font cette télévision-là, mais ce n'est vraiment pas mon truc. Ce n'est pas ce que j'aime voir et c'est encore moins ce que je voudrais laisser voir de moi. Je tiens à ma vie privée. Et même si je n'ai aucun problème à parler de ma bisexualité par exemple, ce n'est pas pour ça que je voudrais la médiatiser. Comme tout le monde, je fais bien ce que je veux et je ne vois pas en quoi ça regarde qui que ce soit d'autre que mes partenaires ou moi. Filmer ma vie quotidienne, très peu pour moi !

C'est pour ça que je suis fier de participer à une télévision qui propose vraiment quelque chose. C'est du divertissement mais avec une vocation culturelle. Je me fiche d'être assimilé à un clown, à un trublion, à condition que l'on parle d'Histoire, de culture ou de patrimoine. Je suis le trublion de la culture. Ça, ça me va. Un guignol tout court, non.

J'ai la chance que la télévision ne soit pas mon métier principal. J'aime ça, je suis enchanté d'en faire, de participer à des émissions. Je me sens bien sur les plateaux et à l'aise en face des caméras, mais je ne suis pas prêt à tout pour être à l'antenne. J'ai une vie à côté. Et cette vie est arrivée bien avant.

C'est aussi ce qui me permet de cultiver un certain détachement. Je ne vais pas tourner chaque jour à La Plaine-Saint-Denis pour payer mon loyer ou une pension alimentaire. J'adore cette indépendance. Grâce à elle, je peux dire ce que je pense sur les réseaux, dans la presse, comme à la télé. Je ne suis pas un animateur France Télévisions. Je n'ai pas de contrat d'exclusivité. Eh bien, c'est une sacrée liberté. Et je suis sûr que mon public m'apprécie aussi parce que je ne garde jamais ma langue dans ma poche. Même si j'en ai payé les frais parfois.

Il y a eu l'incident de « Danse avec les stars » par exemple. Au début de l'été dernier, j'ai été invité par Cyril Hanouna dans son émission « Touche pas à mon poste ! » sur C8. Cyril et les chroniqueurs se sont montrés un peu insistant pour connaître le salaire que l'on me proposait pour participer à l'émission « Danse avec les stars ». Moi, je suis cash, j'aime dire les choses et pouvoir les assumer en toutes circonstances. Alors, caméra ou non, je m'exprime quand j'ai envie de le faire. Puisque l'on me posait la question, j'ai répondu, en restant vague pourtant. J'ai donné un ordre d'idée, une fourchette, comme une approximation dont je n'ai pas honte et dont je ne comprends toujours pas aujourd'hui pourquoi elle devrait rester secrète. Enfin, les gens ne sont pas idiots ! Bien sûr que les célébrités qui participent à « Danse avec les stars » sont payées ! C'est un travail et tout travail mérite salaire.

Donc oui, j'ai donné un ordre d'idée de mon salaire potentiel pour participer à « Danse avec les stars ». Je ne croyais pas avoir commis une si grosse erreur. On est entre adultes ! J'ai vite compris que je me trompais. Puisque des sommes avaient été révélées sur l'antenne de C8, et encore plus peut-être puisque ça l'était pendant « Touche pas à mon poste », on m'a déprogrammé de « Danse avec les stars ».

Se faire virer comme ça, comme un malpropre, pour une raison aussi absurde que celle-là, je ne l'ai pas digéré. Et je le disais, je n'ai pas ma langue dans ma poche. Sur le coup de l'émotion, de la colère, de l'incompréhension surtout, j'ai écrit un tweet. Ce n'était peut-être pas très malin, j'en conviens aujourd'hui ! Mais bon, ce qui est fait est fait.

La suite, vous la connaissez peut-être, je m'en suis pris au patron de TF1 directement. En tweet bien sûr ! Ce n'était pas une vraie menace, vous vous en doutez, mais plutôt un coup de poing sur la table, une manière de dire merde à tous ces types policés, coincés dans leurs costumes, en dehors des réalités, loin du monde, loin du public, tous ces types qui décident et qui usent de leur pouvoir derrière leurs grands bureaux confortables. Ce n'était pas tant lui, le patron de TF1, que j'attaquais, mais tout ce système qui m'énerve. On prend les gens pour des cons ! Alors oui, je regrette la manière avec laquelle je me suis énervé, mais en aucun cas je ne regrette mon coup de gueule. Il faut savoir remettre les pendules à l'heure. Je ne suis pas un gamin à qui l'on peut taper sur les doigts ou donner des images pour me récompenser de mes bons points.

Qu'il y ait des règles, je le comprends bien, mais il faut savoir aussi reconnaître quand ces règles sont absurdes ou dépassées.

Malheureusement, avec les réseaux sociaux, avec Internet en général, ce qui dans le temps serait resté un échange virulent entre deux gentlemen, ce qui aurait pu n'être qu'un simple désaccord à discuter devient nécessairement un *buzz*. Les magazines people s'en emparent. Ils font monter la sauce, c'est leur travail. Et d'un coup, ce qui n'avait vraiment pas une très grande importance est traité comme une nouvelle nationale, comme une tragédie dont tout le monde parle, que tout le monde commente. Et comme un caillou qui dévale une pente enneigée, à partir de rien, c'est une énorme boule de neige qui se forme et qui dévale les pistes, c'est une avalanche de conséquences, de commentaires, de *repost* et tout ça, invariablement, se finit par un licenciement ou par une exclusion. Bon Dieu, quelle époque quand même ! Imaginez ce qui se passera dans cinquante ans ! Comment les gens pourront-ils vivre tranquilles ? !

Donc, c'est ce qui s'est passé pour moi. Ma participation à « Danse avec les stars » a été annulée sans préavis. Je me suis excusé publiquement. Ça a alimenté les colonnes de la presse *people* pendant quelques jours, et tout s'est arrêté comme c'est venu. Ce sont des affaires qui font *pschit,* elles vont, elles viennent, une affaire remplace l'autre et ainsi de suite. Ça ne m'inquiète pas vraiment. Personne ne s'en souvient !

Mais pour autant, ce n'est pas si anodin dans l'absolu. Ce genre de *bad buzz* peut avoir des conséquences dramatiques sur certaines personnes. Moi j'ai un peu de bouteille et surtout j'ai une vie à côté, et déjà, je me rends compte de l'impact qu'une histoire aussi idiote, aussi futile a pu avoir sur moi pendant quelques semaines ! Alors, imaginez pour un jeune garçon ou une jeune fille, imaginez l'impact sur quelqu'un qui n'est pas prêt à se manger ça en plein visage, quelqu'un à qui l'on n'aurait pas appris à se protéger. Car oui, le milieu du spectacle est dur. Non, ce ne sont pas les paillettes tous les jours. On doit se défendre, se protéger des rumeurs, des fausses accusations. Les requins sont partout. Tout le monde veut prendre votre place. Alors si en plus les internautes relaient en boucle, inlassablement le moindre petit dérapage, imaginez un peu ce que ça peut donner !

Je suis pour autant très conscient que ça fait partie du jeu, que c'est une donnée nécessaire. Je m'en accommode très bien. Mais je pense qu'il faut faire attention quand même. On ne se rend parfois pas compte de l'effet dévastateur que cela peut avoir. Une fois qu'une photo, une vidéo ou n'importe quoi d'autre est apparu sur Internet, c'est foutu, on ne pourra jamais plus la supprimer. Les ordinateurs, les réseaux ont une mémoire absolue.

Internet est un outil formidable quand il s'agit de transmettre des connaissances. On peut tout apprendre en ligne, c'est une encyclopédie délirante, précieuse à l'humanité. Mais il y a aussi les effets pervers. On peut s'y retrouver brisé, anéanti, on peut voir une réputation bâtie si longuement, avec tant de patience, être entachée en un claquement de doigts. Un clic comme une seconde et tout bascule.

Je ne suis pas sûr que toutes les personnes postant des commentaires haineux s'en rendent pleinement compte. Ils se sentent anonymes, protégés derrière leur écran. Il suffit de lire les commentaires qui sont postés chaque jour sur Twitter, sur Facebook, sur Instagram ou même sur les sites des grands journaux et des grands magazines. Les mecs utilisent un pseudo et du coup ils se permettent d'écrire ce qu'ils n'oseraient jamais prononcer à voix haute.

Je m'étonne chaque jour de la violence qui déferle sur la Toile. C'est vraiment du délire. Les *haters*, c'est comme ça qu'on les appelle paraît-il, les *haters* insultent à tout-va. Et qui reçoit ces insultes en pleine figure ?

Il faut vraiment que les gens soient bien malheureux, bien frustrés aussi pour s'attaquer à des célébrités qu'ils ne connaissent pas, qu'ils ne rencontreront probablement jamais. À quel moment on a commencé à considérer que tout ça c'était normal ? Normal de s'en prendre plein la gueule quand on réussissait.

C'est exactement pareil que le mec qui va rayer une Ferrari garée dans la rue parce qu'il rêverait de pouvoir s'en offrir une. C'est absurde, et je ne comprendrai jamais. Si l'on n'a pas une chose, à quoi ça peut bien servir de la détruire sous prétexte qu'elle se trouve dans les mains d'un autre. Imaginez un peu, en suivant cette logique, je devrais aller détruire les collections de tous les autres passionnés de Napoléon dans le monde. C'est délirant ! Et je suis bien placé pour parler des objets, j'y ai consacré ma vie tout entière !

Il m'est arrivé de rêver posséder quelque chose, cela m'arrive encore, évidemment. Eh bien, je vais tout mettre en place pour l'obtenir, mais si c'est trop pour moi, trop cher, trop compliqué, tant pis. Je prie juste pour que le nouveau propriétaire s'en occupe le mieux possible, que le trésor ne soit pas sacrifié. C'est peut-être ma sensibilité de collectionneur, d'amoureux du patrimoine qui parle.

Mais bref, pour en finir avec cette histoire de « Danse avec les stars », je veux simplement dire aujourd'hui que je regrette de m'être emporté, que ça m'a bien servi de leçon, même si je ne comprends toujours pas pourquoi on en a fait tout un flan.

Bon, et puis faut avouer, ça m'a peut-être un peu arrangé aussi. Participer à cette émission c'est se consacrer à des cours de danse trente, parfois quarante heures par semaine. À cela, ajoutez les émissions. C'est énorme ! J'aurais dû délaisser « Affaire conclue », puisque je n'aurais pas pu assumer les deux. J'aurais dû délaisser ma collection aussi et le Palais Vivienne. Je n'aurais pas pu organiser les expositions qui se préparent. Je n'aurais pas pu écrire ce livre surtout ! Imaginez un peu ! Vous préférez me lire ou me voir danser à la télévision ? Je fais quelques pas sur France 2, et croyez-moi, ça suffit bien !

Ma plus belle affaire conclue

Après trois ans dans le rôle d'acheteur dans l'émission « Affaire conclue », je n'ai acheté que quatre objets liés à Napoléon. J'ai déniché de belles choses, des peintures, des meubles, des objets que j'aime et que je ne revendrai pas, j'ai rencontré des personnes émouvantes aussi.

Un objet pourtant est récemment sorti du lot. C'était en 2019. Un homme est venu montrer sur nos plateaux une lettre de l'Empereur. Mais ce n'était pas n'importe quelle lettre. C'était précisément une lettre de Bonaparte, avant qu'il soit sacré Empereur. Elle date de la campagne d'Égypte. Bonaparte s'y adresse à un des savants de la campagne d'Égypte. C'est une convocation officielle pour l'Institut d'Égypte créé par Monge en 1798. Monge en était le président et Bonaparte le vice-président. L'idée était de réunir le travail des savants de l'expédition de Bonaparte en Égypte. C'est entre autres grâce à cet institut que l'Europe a redécouvert les trésors de l'Égypte antique, tout en soutenant l'armée française dans une sorte de logique précoloniale qui avait pour but de développer le pays.

Cette lettre n'a pas une immense valeur commerciale (autour de trois cents euros) aujourd'hui, mais je suis fier de la posséder. Je suis fier aussi de l'avoir achetée dans les conditions de l'émission, car soudain tout se mêle, ma vie d'animateur et ma vie de collectionneur, ma vie d'homme médiatique et ma vie d'acheteur.

Cet achat-là n'était pas une folie, mais j'y repense souvent comme un souvenir agréable et lourd de sens pour moi.

La célébrité

Grâce à ma nouvelle notoriété, c'est une existence que je ne connaissais pas qui s'est ouverte à moi. Je parlais tout à l'heure des *bad buzz* et des conséquences que peuvent avoir sur les réseaux quelques mots prononcés à la va-vite. Ce n'est heureusement pas une règle. Il y a aussi bon nombre de bonheurs et de joies.

Il y a l'amour du public bien entendu. Je ne peux plus m'asseoir à une terrasse de café à Paris sans que quelqu'un s'arrête et me demande de poser pour une photo. Certaines célébrités se disent embêtées par l'exercice. Moi, au contraire, je trouve ça flatteur ! Si je ne voulais pas que les gens me reconnaissent dans la rue, je me tiendrais loin des caméras ! Il faut savoir accepter les règles du jeu. Et puis, les personnes qui viennent à ma rencontre sont toujours bienveillantes. On me félicite, on me complimente. Il y a pire quand même ! Il faut savoir reconnaître ses chances, c'est le minimum.

En plus des photos, je reçois beaucoup de cadeaux. Quelle attention ! Par la poste, souvent, chaque jour presque, je reçois des lettres accompagnées de boîtes de chocolat, de champagne, de dessins ou même de tableaux de moi. Et ces personnes n'attendent rien en retour, c'est extraordinaire ! Il n'y a souvent même pas leur adresse pour que je puisse les remercier. Ces gestes me touchent au plus profond de mon être. Que les gens prennent le temps de trouver quelque chose à m'offrir, de l'emballer, de le poster ensuite ou même de me l'apporter en personne lors d'un gala ou d'une visite du Palais Vivienne, c'est fabuleux. Insensé presque ! Qu'ai-je fait pour mériter autant d'attentions ?

Ça, c'est vraiment une chose surprenante dans le métier d'homme de télévision, de personnalité publique. On a souvent l'impression que s'adresser à une caméra, c'est comme jeter une bouteille à la mer. Comment imaginer, depuis le studio, à La Plaine-Saint-Denis, qu'on touche les gens à ce point-là, qu'on peut susciter chez eux de l'amour ? C'est magique !

Je n'ai jamais connu de harceleurs, de *stalkers* comme on les appelle aujourd'hui. Je n'ai jamais connu non plus de personnes ouvertement désagréables suite à ma médiatisation. Non, on ne m'a fait que des cadeaux ou des compliments. De ce côté-là, je ne vois vraiment pas de quoi je pourrais me plaindre.

Ma notoriété continue de croître, il me semble. Par quel miracle est-ce arrivé ? Franchement, je ne sais pas. J'essaie simplement de rester moi-même, absolument fidèle à ce que je suis. On pourrait penser que je me suis créé un personnage ou pire, que France 2 aurait créé un personnage à lunettes et à boucles blanches, un Polnareff de l'Histoire. Je vous rassure, je suis bien né avec ces cheveux et si je porte des lunettes c'est simplement parce que j'en ai besoin ! Certes, je ne vais pas prétendre que j'ai un look absolument classique, mais je ne l'ai pas travaillé spécialement pour la télévision. Mon style s'est précisé au fur et à mesure. Oui, j'aime les tissus colorés et les belles matières. Oui, j'aime les bijoux, les bagues, les montres et les bracelets ! Alors, mon look fait que je suis plus facilement identifiable, mais ce n'est pas un calcul, ce n'est pas une froide stratégie de communication. Je suis comme ça, c'est tout ! Un peu comme avec mon franc-parler. J'ai une grande gueule et des gros médaillons autour du cou ; et alors ?

L'autre chose géniale, c'est que grâce à ma notoriété, j'ai pu moi-même rencontrer mes idoles. C'est plus facile de rencontrer des gens connus quand on est soi-même célèbre, c'est sûr. Aujourd'hui, lorsque j'organise un dîner au Palais Vivienne, on me refuse rarement une invitation. Je peux me permettre d'inviter des hommes ou des femmes politiques, des acteurs, des musiciens, des présentateurs. Quelle joie de pouvoir rencontrer des personnes que je regardais moi-même à la télévision, petit, comme Danielle Gilbert ! Quelle joie d'entendre Henri Leconte me dire qu'il adore ce que je fais, quel honneur de recevoir des SMS de Patrick Timsit, de Smaïn ou de Vianney. Nana Mouskouri m'a dit il y a peu de temps : « Je pensais que l'on se connaissait, mais c'est juste que je vous vois tous les jours à la télé ! » J'étais fier comme Artaban, vous vous en doutez !

Depuis mon adolescence, grâce à Charles Trenet, grâce à Aznavour aussi, que j'ai bien connu, j'étais préparé à l'idée de la célébrité. J'étais habitué à rencontrer des peoples. Mais se voir félicité par des personnes que l'on admire, des personnes qui ont dix, vingt, trente ans de carrière derrière eux, c'est une sacrée récompense. Je ne boude pas mon plaisir ! Il faudrait être fou pour prétendre l'inverse. Et même si j'en donne l'impression parfois en rigolant, je ne suis pas fou ! Pas encore ! Je suis resté un gamin, finalement.

Le Palais Vivienne

Il faut être fou, en revanche, me direz-vous, pour acheter seul, sans la moindre subvention, sans la moindre aide de la part de l'État un endroit comme le Palais Vivienne. Oui, vous avez raison. C'est une folie !

Mais je vis pour des folies comme celle-là. Quelle aventure ! Le Palais Vivienne, à deux pas du Palais Brongniart et du célèbre passage des Panoramas, est vraiment un endroit à part. Il est insoupçonnable à qui n'a jamais entendu parler de son existence. L'entrée actuelle ne paye pas de mine. On dirait celle d'un immeuble haussmannien comme il en existe tant dans ce quartier de Paris. Mais dès que l'on franchit la porte cochère, la magie opère.

Le Palais Vivienne, c'est un ancien hôtel particulier édifié entre 1703 et 1708 par Jean-Baptiste Colbert de Torcy, neveu de Colbert, l'autre Jean-Baptiste, ministre de Louis XIV. Dans le premier salon, appelé le salon de la chasse, on retrouve d'ailleurs de nombreuses couleuvres sculptées, hommage, par ce symbole, du neveu à son oncle. À l'époque, cet « hôtel sans toit » s'ouvrait par la rue Saint-Marc. Bien entendu, les Grands Boulevards n'existaient pas, et un immense jardin s'étendait presque jusqu'où l'on trouve aujourd'hui le musée Grévin. Mme de Pompadour habitait en face.

En 1722, la famille Montmorency rachète l'endroit et y vit jusqu'en 1790. C'est à cette époque que le palais accueillera Mozart, Voltaire ou Rousseau ! On trouve d'ailleurs, dans leurs journaux, de multiples références à leurs visites. C'est un hôtel moderne, qui reçoit beaucoup. On y organise toutes sortes de fêtes et de réceptions. Il flotte alors, dans ces salons, un air de nouveauté, une liberté de ton, d'échange. Ce sont des salons informels et intellectuels. Musiciens, artistes, personnes bien nées ou riches propriétaires, tous s'y retrouvaient pour discuter de choses et d'autres, pour refaire le monde, comme on dirait aujourd'hui. Même s'il ne s'agit pas du « club de l'Entresol », du salon de Mme Lambert (connu pour ce mouvement fascinant que fut la préciosité) ou celui de Mme de Tencin (qui mêlait discussions philosophiques pointues et intrigues politiques), les petites réunions qui se tenaient avaient tout de même une certaine renommée. N'oublions pas que l'on est alors au XVIIIe siècle, que les salons sont à la mode. C'est le siècle des Lumières et les désormais célébrissimes « salons littéraires » consistent à réunir des célébrités littéraires ou philosophiques, les savants, les hommes et femmes d'esprit dans des maisons de haute tenue. On aime y débattre, y discuter. Ce sont des lieux de rencontres et d'échange, de critique aussi des idées nouvelles ou anciennes. On admet généralement aujourd'hui que les salons ont préparé le terreau de la Révolution française de 1789. Ce n'étaient donc pas des réunions frivoles et dénuées de sens !

En 1830, quand Philippe d'Orléans devient roi de France, il confie le lieu à son fils Ferdinand qui y créera une sorte de cercle privé jusqu'à sa mort en 1842. Sont passés ici Chopin, Victor Hugo ou encore George Sand. L'esprit du lieu perdure ainsi. Et je pense que c'est pour cela aussi qu'aujourd'hui on le sent comme « habité », chargé en tout cas d'histoire et de force.

Il faut imaginer ce que c'était à l'époque ! D'un côté, les Grands Boulevards, symbole du Paris populaire et festif, les bistrots, les bordels, les boulevards du crime, en somme, comme on les appelait. Et de l'autre, la rue Vivienne, beaucoup plus classique, tournée vers le Louvre, la royauté et les quartiers chics. C'est une frontière imaginaire entre deux mondes, quand Paris n'était pas du tout aussi uniformisé qu'aujourd'hui. Les séparations étaient bien plus nettes, bien plus franches. Les inégalités aussi ! Il n'y a pas que du bon dans l'Histoire... Mais je dois avouer que tout cela me paraît autrement plus romanesque que ce que nous vivons.

En visitant cet endroit, j'ai tout de suite aimé ce mélange palpable, une savante combinaison historique entre l'aristocratie et les milieux populaires. J'aime le mélange des genres. Faire de l'Histoire à la télévision, faire du divertissement avec des objets du patrimoine. Les mélanges sont sains. C'est parfois aussi simple que ça, comme lorsqu'on assortit un jean tout bête à des bijoux Empire ! Le mobilier, d'ailleurs, qui se trouve aujourd'hui au Palais Vivienne me sert tous les jours ! Ce n'est pas de la décoration. Je m'assieds sur ces chaises ou dans ces fauteuils. Je déjeune, je dîne avec ces couverts, cette argenterie de l'époque de Napoléon. À mes yeux, ce sont avant tout des objets usuels, des outils de tous les jours. Je ne méprise pas leurs valeurs patrimoniales ou financières, vous vous en doutez, mais j'estime que ce sont des objets avant tout, que le plus bel hommage que l'on puisse leur rendre, justement, c'est de s'en servir. Je suis collectionneur, pas conservateur de musée. Les verres derrière des vitrines, les livres cadenassés dans des coffres, très peu pour moi. L'Histoire, oui. Le patrimoine, bien sûr. Mais la vie avant tout ! Et même si les années, les siècles passent, ça ne veut pas dire qu'il faut enterrer dans le passé les traces du passé. Au contraire, je pense que l'Histoire doit être absolument vivante et je rêverais d'animer un programme autour du patrimoine, une belle émission, intelligente sans être élitiste, populaire sans ignorer les grands noms d'aujourd'hui ou du passé. Je profite de cet endroit, mon livre, où je suis absolument libre pour le dire. Je lance un appel ! Si des producteurs, des investisseurs, des programmateurs me lisent, unissons nos forces pour réaliser une vraie émission culturelle et populaire à la télévision française ! Je suis très sérieux ! Je pense qu'il manque aujourd'hui dans le paysage audiovisuel français une émission comme celle-là. Nous inviterions des historiens, des humoristes, des acteurs, des chanteurs ou des peoples pour parler de leur rapport au patrimoine, à l'histoire de France. Le ton serait léger mais nous pourrions aborder tout de même des sujets sérieux, l'histoire en tête.

J'y recevrais des vedettes ; elles parleraient d'histoire, de leur rapport vivant à l'histoire. Il y a tant de peoples qui se passionnent pour une période précise, qui collectionnent des objets aussi et qui rêveraient d'un espace où ils pourraient communiquer cette passion. J'adorerais participer à l'émission, mais plutôt en tant que maître de maison (ou de cérémonie) plutôt qu'en simple animateur ou en acheteur.

Le Palais Vivienne ferait un décor incroyable, intimiste et spectaculaire. Ce serait une manière moderne et novatrice de renouer avec la tradition des salons. Un salon, mais accessible à tous cette fois-ci.

Il était important pour moi de rappeler tout ça, puisque cela dit beaucoup à mes yeux de l'énergie qui se trame ici, dans cet hôtel qui est devenu mon adresse principale.

J'écris derrière mon ordinateur depuis l'une de ces salles à peine croyables, ces salles qui ne cesseront jamais de me surprendre. Les portes ont pu être sauvées, l'ensemble des pièces aussi. Mais toutes les dorures, les peintures, les faux marbres ou le parquet, nous avons dû les refaire, de la manière la plus fidèle possible. Imaginez un peu les travaux que cela représente ! Presque cinq cents mètres carrés à restaurer entièrement ! Des pièces colossales pour un appartement parisien. Six à huit mètres sous plafond, des moulures, des dorures – et tout à la feuille d'or, s'il vous plaît !

Avant, le Palais était utilisé pour des bureaux. L'agence Publicis et plus de deux cents personnes qui travaillaient là chaque jour. C'était fonctionnel, sans charme et surtout entièrement dénaturé. On avait du mal à imaginer la puissance de l'endroit.

Mais, quatre ans plus tard, je m'aperçois que j'ai réussi mon pari ! Croyez-moi, j'ai failli renoncer plusieurs fois ! Quiconque a vécu des travaux de grande envergure sait très bien de quoi je parle. Il y a toujours des imprévus, des petits drames ou des petites catastrophes. On croit que l'on ne s'en sortira jamais. Et puis un jour, le résultat est là ! On se sent comme après un marathon. Vanné, lessivé, mais fier de ce que l'on a accompli.

Alors, aujourd'hui, je vis dans le Palais Vivienne. Mais ce n'est pas seulement une habitation privée. À l'étage (qui n'existait pas à l'origine) il y a mes appartements privés. Ma chambre, ma cuisine, ma salle de bains, enfin tout ce qui compose un appartement ordinaire. Mais au niveau principal, c'est avant tout un lieu que je veux ouvrir. J'y expose de manière permanente une partie de ma collection. Comme je l'écrivais, j'organise des visites. Le but de cet endroit, c'est avant tout de pouvoir le faire voir. Je ne suis pas du genre à garder mes petites choses pour moi. J'aime que tout le monde puisse en profiter, que la vie s'en empare et que les souvenirs puissent naître dans les esprits de chacun. C'est un pacte que j'ai fait avec moi-même le jour où j'ai commencé ma collection. C'est un impératif !

Et donc, le Palais Vivienne, je l'ai acheté avant tout pour qu'il puisse être visité. Ce n'est pas un musée, ce n'est pas l'ancienne demeure d'un écrivain ou d'un peintre, mais c'est un lieu chargé d'histoire, c'est un écrin comme on en fait si peu à Paris. C'est surtout un des derniers endroits privés de cette envergure dans la capitale de notre pays. Je pense qu'il faut protéger les initiatives comme celle-là. J'insiste sur le fait que je ne bénéficie d'aucune aide de l'État, d'aucune subvention. Les frais d'entretien, de rénovation, je dois les assumer seul. Maintenir un lieu comme celui-ci dans un bon état n'est pas une mince affaire.

L'endroit est accessible sur inscription préalable. Je fais moi-même la visite. C'est une occasion de parler de ce que j'aime, de mes objets, de leur origine, mais aussi de rencontrer mon public, dans un cadre agréable. Après chaque visite, nous buvons ensemble une coupe de champagne. Ce sont des moments légers et instructifs. Tout ce que j'aime !

Pour pallier aussi les charges énormes d'entretien, je loue l'endroit pour des privatisations en tout genre, des showrooms de la *fashion week* jusqu'aux dîners ou fêtes privées. Je ne vis pas comme un prince reclus dans mon Palais ! Mais je dois dire que quand je m'y retrouve absolument seul, après une longue journée d'enregistrements d'émission par exemple, je mesure à quel point je vis dans un cadre extraordinaire. Je me sens chanceux. Je l'ai forcée peut-être, je l'ai entretenue, cette chance, mais elle est bel et bien là, et ça, je ne peux pas le renier !

Affaire à suivre

Les trois salons se succèdent. Il n'y a pas un son ce soir dans le Palais. Pas un autre son que celui des touches de mon clavier d'ordinateur. Je revois ma vie entière. Je m'aperçois que je ne vous ai pas tout dit. Derrière mes airs excentriques et extravagants, se cache une grande pudeur. Je suis de ceux qui gardent certains secrets et ne les lâchent que par petites doses.

Je prépare quelque chose sur mon grand ami Charles Trenet. C'est encore un projet pour l'instant mais tout cela viendra en temps voulu.

Il y a tant de choses que je n'ai pas vécues encore. Bientôt, je vais faire mes premiers pas sur scène, avec un spectacle en forme de one man show sur l'Histoire et avec une pièce de théâtre, une vrai fiction cette fois-ci, où je ne jouerai pas mon propre rôle, mais où je prendrai le costume d'un acteur ! J'ai hâte !

Si j'avais su que toutes ces choses allaient m'arriver alors que je vais bientôt souffler ma cinquantième bougie ! Si l'on m'avait dit, quand je me sentais au pire endroit de mon existence, il y a dix ans déjà, quand j'étais seul et malade à l'hôpital, que tous ces miracles allaient me frapper, eh bien, croyez-moi, j'aurais eu bien du mal à y croire ! La vie est si surprenante. Il s'agit souvent de simplement savoir saisir sa chance, de prendre des risques aussi.

Le chemin que j'ai parcouru est digne d'un roman. « Quel roman que ma vie ! » disait Napoléon Bonaparte. J'ai toujours adoré cette citation. Je m'y reconnais, je m'y vois. Il est l'heure pour moi de refermer ces quelques pages pour en ouvrir d'autres. Car ce n'est pas un point final, mais au contraire une mise au point pour mieux me tourner vers le futur. J'espère que les pages à venir seront aussi belles que celles que j'ai déjà vécues. Pour la suite, je m'en remets au destin.

Composé et édité par HarperCollins France.

Achevé d'imprimer en février 2020.

CPi
FIRMIN-DIDOT

à Mesnil-sur-l'Estrée (Eure)

Dépôt légal : mars 2020.

Pour limiter l'empreinte environnementale de ses livres, HarperCollins France s'engage à n'utiliser que du papier fabriqué à partir de bois provenant de forêts gérées durablement et de manière responsable.

Imprimé en France